365 proverbes expliqués

365 proverbes expliqués

Paul Desalmand
Yves Stalloni

CHÊNE

Les proverbes disent ce que le peuple pense.
Proverbe suédois.

Introduction

Les proverbes se présentent traditionnellement sous la forme d'un conseil ou d'un constat. Suivant la tournure d'esprit, l'humeur du moment, la nature des circonstances, on les recevra avec sympathie, y trouvant une confirmation rassurante de ses propres opinions, ou on les rejettera avec mépris, reprochant à ces lieux communs fatigués de délivrer des vérités de café du Commerce.

Concentré de sagesse ou stéréotype usé, le proverbe est présent, depuis toujours, dans toutes les civilisations et utilisé par tous, y compris par ses détracteurs. Encore demande-t-il à être correctement interprété, replacé dans le contexte, mis en perspective et relativisé. D'où l'objet de ce livre qui opère une sélection, arbitrairement limitée à 365 (+1),

autant que de jours dans l'année, à l'intérieur d'un corpus immense et quasi illimité.
Ce choix, qui ne prétend pas échapper à la subjectivité, présenté en vrac, voudrait offrir un échantillonnage représentatif de l'abondante littérature proverbiale. Dans la forme d'abord, nos exemples illustrant les grands principes de formulation à partir de figures convenues (généralisation, ellipse, métaphore, antithèse, rime, apostrophe, etc.) ; dans le contenu ensuite, à travers une thématique variée où apparaissent les grandes préoccupations humaines, qu'elles soient domestiques, morales, psychologiques, philosophiques même ; dans leur origine enfin, en empruntant à diverses cultures ou diverses époques.

Les proverbes, en effet, sont le reflet d'une civilisation dans son quotidien et dans sa mentalité. Leur sens, leur portée, leur pertinence s'expliquent par le lieu d'origine et l'intention morale, mais s'enrichissent également de la confrontation. C'est pourquoi nous avons souhaité, le plus souvent possible, comparer les diverses façons de voir le monde et les multiples manières de formuler la même prétendue sagesse. Parfois, nous partons d'un proverbe français pour ensuite évoquer la façon dont réagissent d'autres peuples sur le même thème. Dans d'autres cas, nous procédons à l'inverse.

La confrontation n'est pas toujours essentielle ni suffisante. Quand le proverbe n'est plus compris, parce que daté, trop imagé, volontairement énigmatique, nous fournissons une explication qui porte sur la syntaxe, le vocabulaire, les allusions historiques, les sources. Dans la plupart des autres cas, notamment quand le proverbe est familier et sans mystère, nous préférons proposer un rapide commentaire. À cette occasion, nous rappelons quelques références culturelles, nous amorçons le débat sur la problématique du proverbe, nous le tirons vers le monde qui nous entoure de façon à faire ressortir à la fois des permanences et des différences. L'explication comme le commentaire, même brefs, veulent agir comme une sorte de tremplin pour la réflexion du lecteur.

L'ensemble, toutefois, s'attache à éviter la pesanteur didactique. Le monde des proverbes demande à être abordé avec distance et humour, et un livre qui en parle doit rester, en même temps que rigoureux et documenté, attrayant et stimulant. Notre objectif est de satisfaire la curiosité, de faire réfléchir et surtout d'amuser et de distraire. Nous avons souhaité approcher, avec ce livre, l'idéal revendiqué par les auteurs classiques : plaire et instruire.

1
La belle femme se reconnaît au dédain.

Proverbe espagnol qui rapproche deux qualités apparemment sans rapport : la beauté et le dédain. Cervantès le récupère et le modifie légèrement en ces termes : « Jamais ne se séparent le dédain et la beauté » (*Les Nouvelles exemplaires,* « La Bohémienne de Madrid »). En généralisant, l'auteur de *Don Quichotte* semble reconnaître que la fierté, qualité nationale de tous ses compatriotes, s'assortit à la beauté pour les deux sexes : les superbes Andalouses et les fringants hidalgos. On peut néanmoins penser que la version féminine est plus facile à vérifier. De là l'intérêt de courtiser des laiderons : on a moins de risque d'essuyer leur mépris.

2
Qui trop embrasse, mal étreint.

Le verbe « embrasser » est pris ici dans son sens ancien de « prendre dans ses bras ». D'où l'idée qu'à vouloir trop, on perd beaucoup. Les Iraniens disent : « On ne tient pas deux pastèques d'une seule main. » Robert Desnos qui, comme ses amis surréalistes, aimait à détourner les proverbes, avait inventé cette version à méditer sur un quai de gare : « Qui trop embrasse, rate le train. »

3
L'homme heureux n'a pas de chemise.

À une époque d'hyperconsommation et de possession effrénée, ce proverbe peut paraître anachronique ou incongru. La chemise sera prise ici comme représentation symbolique de la propriété. Sans chemise, l'homme est symboliquement dépouillé, nu comme Job sur son fumier, comme Diogène le cynique dans son tonneau. Dans cet état de dénuement, une fois débarrassé du superflu, rendu à sa vérité adamique, l'être humain peut espérer connaître le bonheur. Plutôt que d'ouvrir le débat, rappelons quelques occurrences de la chemise dans la littérature proverbiale : « Ta chemise ne sache ta guise » (sur la nécessité de garder un secret et de ne le confier à personne, même pas à sa chemise) ; « Qui gagne un procès est en chemise » (sur la voracité des gens de justice) ; ou encore, venant d'Espagne : « Il ne faut pas montrer la vérité nue, mais en chemise » (sur la nécessité, bien connue des journalistes, d'arranger les faits). Quant aux Polonais, ils nous ont donné l'énigmatique : « Serre ta chemise entre les jambes et ta langue entre les dents. »

4

Attends d'avoir traversé la rivière pour dire au crocodile qu'il a une bosse sur le nez.

Ce proverbe africain peut se rencontrer sous cette autre forme, assez voisine : « Tant que l'on n'a pas traversé la rivière, on n'insulte pas le crocodile » (baoulé, zoulou). Il invite, de façon imagée, à la prudence : ne commencer à se moquer de la difficulté qu'après qu'on l'a totalement dépassée. Ou encore : face à un adversaire, ne commencer à le mépriser qu'au moment ou celui-ci est totalement vaincu. L'Europe, assez pauvre en crocodiles, n'a pas retenu la formule, mais l'histoire de la peau de l'ours que l'on vend avant « qu'on ne l'ait mis par terre » n'en est pas très éloignée. Sur ce point, on s'en remettra à La Fontaine (*Fables,* V, 20) qui, s'il avait quitté les ors de Versailles pour les contrées d'Afrique, eût certainement composé un apologue montrant un insouciant Zoulou relâchant son effort alors que la rive n'est pas atteinte. Alors le méchant crocodile...

5

Chi va piano va sano ; chi va sano va lontano.

Un des rares proverbes que l'on cite dans sa langue d'origine, l'italien – sauf pour les proverbes latins que l'on utilise en VO pour faire savant et montrer qu'on a pratiqué les fameuses pages roses de l'ancien Larousse. La traduction est facile et le sens limpide. Qui va lentement va sûrement ; qui va sûrement va loin. Sans se presser, on fait les choses mieux, et on tient la route. Victoire de la tortue sur le lièvre. Éloge de la lenteur peu compatible avec notre culte du rendement et notre philosophie de l'urgence. Plus vrai en Afrique qui colporte la même idée (peut-être en Éthiopie ou au Kenya, pays de marathoniens) : « La vie est un marathon : trop pressé, on arrive trop tard. » Retour aux pages roses et à la belle devise : « *Festina lente* » (« Hâte-toi lentement », reprise par Boileau dans son *Art poétique,* I). Pour ceux qui ne seraient pas convaincus, une maxime opposée donnée, à nouveau, dans sa langue d'origine : « *Time is money.* » (Benjamin Franklin, *Advice to a Young Tradesman,* 1748)

6
Goutte bien tracassée est à demi pansée.

Les distraits penseront à la goutte d'eau et ne comprendront rien au proverbe. Les bien portants aussi qui ignorent tout de la diathèse, maladie appelée communément « goutte », qui se manifeste par des poussées inflammatoires autour des articulations. Le goutteux ne manque pas de goût puisqu'il tient son mal, le plus souvent, d'une trop riche alimentation. Il paie cher sa gourmandise, car la douleur peut l'empêcher de marcher. C'est là que le proverbe peut le sauver : en « tracassant » sa douleur par de l'exercice, le malheureux podagre va atténuer la souffrance (« à demi pansée »). Nous ne garantissons pas l'effet de la thérapeutique. En revanche, nous pouvons élargir l'idée : ne pas subir passivement accélère la guérison.

7

Les dents qui se moquent de toi sont celles de ta propre bouche.

Proverbe africain. Rire d'autrui, en montrant ses dents, risque vite de se retourner contre soi. La moquerie appelle la moquerie. Ce qui se dirait chez nous par une formule bien connue : « Rira bien qui rira le dernier. » Ne s'enclenche pas impunément le processus du persiflage. On n'est pas loin de cet autre proverbe, bien français, qui assure que la gaîté est souvent suivie d'un réveil douloureux : « Trop rire fait pleurer. » La réciproque n'est pas vraie. Bien que le poète ait dit : « La joie venait toujours après la peine. » (Apollinaire, « Le Pont Mirabeau ») Parole d'amoureux.

8

À bon chat bon rat.

D'emblée, le sens de ce proverbe n'est pas clair. Informations prises, il faut voir dans le chat le chasseur et dans le rat le gibier. D'où l'idée que si le chasseur est doué, le rat doit l'être aussi pour lui échapper. Dans le même sens, on disait autrefois : « À bon assailleur, bon défenseur. » L'idée qui se dégage est que si l'on est en présence d'un adversaire de qualité, on se doit de se montrer à sa hauteur.

9

Papa, quel est mon ami ? Celui que ta peine afflige.

Plusieurs proverbes arabes se présentent ainsi : une question posée par un enfant et la réponse que son père y apporte. Nous sommes, avec celui-ci, tout à fait dans le domaine de l'empathie. Ce mot désigne le comportement qui me conduit à intérioriser ce que ressent l'autre, à me mettre à sa place. C'est l'empathie qui faisait dire à la marquise de Sévigné s'adressant à sa fille : « La bise de Grignan [...] me fait mal à votre poitrine. » Le véritable ami est bien celui qu'attristent vos peines et qui se réjouit de vos joies. Les autres, les faux amis, sont indifférents à vos souffrances ou, dans le pire des cas, s'en réjouissent. De même, pour savoir ce que l'on éprouve à l'égard de quelqu'un, il faut se demander : est-ce que sa mort me ferait de la peine, me laisserait indifférent, ou me ferait plaisir ?

10
On ne peut contenter tout le monde et son père.

L'abondance des conseilleurs, ou des solliciteurs, invite à n'en écouter aucun et à faire à sa guise. Celui qui agit ou décide est voué à faire des mécontents, chaque donneur d'avis voulant imposer son point de vue. Façon de rappeler que l'assentiment unanime est difficile à obtenir, comme le dit le proverbe « Autant de têtes, autant d'avis ». Le nôtre se retrouve chez La Fontaine qui le cite dans la très longue fable *Le Meunier, son Fils et l'Âne* (III, 1) où le meunier, lassé d'entendre des conseils contradictoires, conclut :

« Je suis âne, il est vrai, j'en conviens, je l'avoue ;
Mais que dorénavant on me blâme, on me loue,
Qu'on dise quelque chose ou qu'on ne dise rien,
J'en veux faire à ma tête. » Il le fit et fit bien.

11
Mauvaise herbe croît toujours.

De l'importance des accents circonflexes : celui sur le *i* de *croît* nous indique qu'il s'agit du verbe « croître » et non « croire ». Évidence qu'il fallait rappeler avant d'expliquer la métaphore : les êtres méchants, menant une vie dissolue, prospèrent tranquillement et résistent aux injures du temps. Encouragement au vice ou reproche à la providence ? Au choix. À noter la reprise de l'idée chez La Fontaine dans la longue fable *L'Hirondelle et les Petits Oiseaux* (I, 8) où l'hirondelle voyageuse veut faire profiter les autres volatiles de son expérience par le recours au bon sens populaire : « Mauvaise herbe est tôt venue. » Peut-être le fabuliste prend-il son bien dans le livre de Gabriel Meurier, *Maximes, sentences notables, adages et proverbes* (1568), qui propose une version très voisine : « Mauvaise herbe croît soudain » ?

12
La fin justifie les moyens.

Le mot « fin » est pris ici dans son sens philosophique (le but que l'on s'assigne). La fin justifie-t-elle vraiment que l'on recoure à n'importe quel moyen pour l'atteindre ? Le problème, peut-être le plus fondamental de la morale, est posé par cette maxime. Pour exprimer la même idée, les Chinois disent : « Qu'importe la couleur du chat pourvu qu'il attrape les souris. » On prête la formule, un peu trop vite, à Machiavel. La phrase ne figure pas dans son oeuvre et sa pensée est plus nuancée.

13
Les grands esprits se rencontrent.

L'aphorisme s'applique à une situation de coïncidence intellectuelle, quand deux (ou plusieurs) pensées convergent vers le même sujet, vers la même solution, voire vers les mêmes mots. Moment d'harmonie sociale, quand mon interlocuteur fait un choix qui s'accorde exactement au mien. Les « grands esprits » peuvent toutefois confluer dans l'erreur ou dans la sottise, mais on tire rarement vanité de telles rencontres. À ce sujet, on se doit de rappeler que la formule authentique est « Les beaux esprits se rencontrent » et qu'elle se trouve chez Voltaire, dans une lettre adressée à son ami Thiérot (30 juin 1760). De « grands » à « beaux », il y a toute la différence entre la prétention du sage et l'élégance subtile du mondain. Le mot « esprit » renvoie plutôt à ce dernier sens, comme l'admet Flaubert : « Esprit : toujours étincelant. Court les rues. Les beaux esprits se rencontrent. » (*Dictionnaire des idées reçues*)

14

Tu ne peux pas empêcher l'oiseau de malheur de voler au-dessus de ta tête. Mais tu peux l'empêcher de faire son nid dans tes cheveux.

Ce beau proverbe chinois suggère que l'homme peut quelque chose face au destin. Sartre exprime une idée proche quand il écrit que l'homme est responsable de ce qu'il fait de ce que l'histoire a fait de lui. Machiavel disait que nous ne pouvons pas empêcher les crues des fleuves, mais que nous pouvons construire des digues.

15
Bien mal acquis ne profite jamais.

Les proverbes seraient-ils inventés par les tenants de l'ordre moral ? Peu d'entre eux invitent à la transgression, plutôt au respect de la loi, civile ou religieuse. Comme celui-ci qui laisse planer le spectre de la punition sur l'usurpateur, le voleur, le tricheur. L'objet de son acquisition malhonnête (le bien) ne lui apportera aucun bénéfice à court, moyen ou long terme. La réalité n'est pas aussi soucieuse de l'équité ou de la droiture. On a vu (dans la vie de tous les jours ou dans la fiction littéraire) de belles et durables fortunes fondées sur l'escroquerie. Limitons-nous, pour éviter les procès en diffamation, aux personnages inventés comme le richissime baron Nucingen chez Balzac ou l'inquiétant et très grotesque père Ubu chez Jarry. Beaux exemples aussi au cinéma, comme la chute très immorale du film de Woody Allen, *Match point.* Du reste, chacun connaît dans son entourage une créature à l'enrichissement douteux qui coule des jours tranquilles. Notre proverbe se limiterait à être une consolation pour les spoliés. Ou un pari sur l'avenir si l'on croit aux châtiments posthumes. Une jolie version québécoise et imagée de la même idée : « Farine du diable retourne au son. »

16

C'est au bout de l'ancienne corde que l'on tisse la nouvelle.

Ce proverbe qui se réfère à un point technique précis est très répandu en Afrique. Il souligne le lien entre les générations. Les Bambaras expriment d'une façon très poétique cette vérité : « Quand je suis né, j'étais dans leurs mains. Quand je mourrai, je serai encore dans leurs mains. » Mao et les siens disaient qu'une civilisation doit marcher sur deux pieds, l'un dans l'avenir et l'autre dans le passé.

17

Si l'on attache l'homme libre avec une corde, il la rompt. Si on l'attache avec un fil, il ne le rompt pas.

Qui n'a pas fait une marche dans des conditions très éprouvantes en se disant que si on l'avait obligé à la faire, il aurait renâclé ? Dans un « Propos » du 24 novembre 1922, Alain explique par le goût de l'action libre l'intérêt porté au jeu de cartes : « Il y a des Césars de la manille, et des passages du Rubicon à chaque instant. » L'homme ne réussit pas toujours à rompre la corde qui l'enserre, mais il s'y essaie sans relâche. Quand il s'agit d'un fil, il ne cherche pas à s'en dégager parce que ce fil correspond à une contrainte qu'il a acceptée, voulue. Rousseau qui trouve souvent le mot juste l'a très bien dit dans *Du contrat social* (I, 8) : « L'obéissance à la loi qu'on s'est prescrite est liberté. »

18
Un cheveu de femme est assez fort pour tenir en laisse un éléphant.

Ce proverbe japonais peut être perçu comme un hommage à la femme, ce qui est rare dans notre domaine. Ce pourrait être tout autant une critique discrète de l'incommensurable propension des femmes à diriger. Ne tranchons pas et apprécions plutôt l'élégante formulation métaphorique et la limpidité du sous-entendu. Rien ne résiste à la volonté des femmes qui mènent à leur guise les animaux les plus puissants et a fortiori les plus frêles : les hommes (comprenons, les mâles). Variation sur le thème ressassé du couple mal assorti que forment « La femme et le pantin » (titre d'un roman de Pierre Louÿs et d'un film de Julien Duvivier qui vaut surtout par la présence enjôleuse de Brigitte Bardot). Le cheveu, symbole féminin et érotique, peut renvoyer à divers mythes occidentaux : le fil d'Ariane, qui tire Thésée d'un mauvais pas ; la mèche blonde d'Iseult qui séduit à distance le roi Marc. Mais nous sommes au Japon…

19

La célébrité ne s'acquiert pas sur un lit de plume.

« Le grand homme n'est jamais un aérolithe », écrit Baudelaire dans ses notes de critique littéraire. Et il ajoute que Byron comme Michel-Ange ont été « préparés ». Sans doute veut-il dire, en premier lieu, que le génie est, partiellement, le fruit de son époque. Il est possible, cependant, d'élargir le sens de la formule. Pour que l'inspiration surgisse, il faut au préalable une longue période de travail et de réflexion. Tous les grands écrivains, par exemple, ont d'abord été de grands lecteurs. La légende veut que Newton ait eu l'intuition de la loi de l'attraction des corps en voyant tomber une pomme. De fait, quand on l'interrogeait pour savoir comment il avait procédé pour arriver à ses découvertes, il répondait : « En y pensant toujours. » Pas en rêvant sur un lit de plumes.

20
L’avenir appartient à ceux qui se lèvent tôt.

Proverbe se rattachant à une société qui loue le travail et qui estime que la réussite se mérite. Les Espagnols disent : « Celui qui s’est levé tôt trouve une montre sur le chemin. » À quoi les esprits malveillants répondent que la montre a peut-être été perdue par une personne qui s’est levée plus tôt encore. D’une façon générale, les proverbes vont dans le sens des vertus de base et s’arrêtent très souvent sur les vertus de l’effort.

21
À chaque jour suffit sa peine.

L’expression, sous cette forme précise, se trouve dans l’Évangile de Matthieu (IV, 34). Elle invite à limiter sagement les tâches quotidiennes. Oui à une activité intense et à un travail solide ; non à la surcharge qui brouille l’esprit et épuise les forces. Et encore : inutile de se tourmenter à l’excès, la journée a été longue. « Demain, il fera jour », dit-on encore, même si les plus ardents préfèrent ne pas « renvoyer au lendemain ce qui peut se faire le jour même ». On répondra alors, dans un dialogue jamais achevé : « La nuit porte conseil » (formule de Ménandre, auteur grec). Les proverbes, décidément, ont réponse à tout. Celui-ci était le favori d’un personnage historique à qui l’on prête une grande puissance de travail : l’empereur Napoléon.

22

Le flocon de neige est insignifiant, mais, dans la tempête, si des milliers de flocons de neige s'accumulent sur un arbre, ils le font ployer et l'abattent.

Est-ce que nous sommes devant un équivalent chinois de notre « L'union fait la force » ? Dans certains contextes, oui. On trouve bien l'idée que ce que ne peut pas un seul, est possible quand plusieurs joignent leurs efforts. Dans la version chinoise, il ne s'agit pas d'efforts, mais de causes plus générales. Petites causes, grands effets. « Petite pluie abat grand vent. » On imagine ce proverbe utilisé durant la période maoïste pour illustrer la pensée de Marx selon qui les idées sont des forces quand elles pénètrent les masses.

23

L'amoureux ne laisse pas de traces dans la neige.

Qui pourra dire mieux que ce proverbe turc que l'amour nous allège, nous donne de l'énergie, nous fait oublier notre corps ? Alphius de Mytilène peut-être : « Malheureux ceux dont la vie se passe sans amour. Car il n'est facile ni de rien faire ni de rien dire sans flamme. Et moi aussi, à l'heure qu'il est, je suis lent et lourd ; mais que je voie Xénophile, et je volerai plus rapide que l'éclair. » L'amour crée ces états de bonheur où l'on ne sent plus son corps.

24
Neuf femmes ne peuvent pas faire un enfant en un mois.

Une réponse, venue de Chine, au très banal « L'union fait la force ». À vrai dire, ce proverbe va plus loin, montrant que toute entreprise a sa limite qu'il est vain d'espérer dépasser. Inutile de se démener face aux lois de la nature. L'acharnement est impuissant à faire des miracles. Mieux vaut reconsidérer le problème, comme le disent ces autres proverbes, également chinois : « Ce n'est pas le puits qui est trop profond, mais c'est la corde qui est trop courte. » Ou, plus concis : « D'un os sec, on ne peut faire sortir la graisse. » On dit aussi chez nous : « À l'impossible, nul n'est tenu. »

25

À quelque chose malheur est bon.

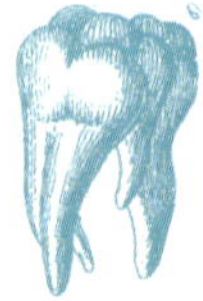

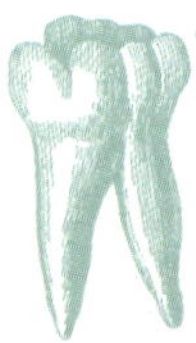

Manière de nous consoler des échecs. Dans le sabir publicitaire, on dirait : « savoir positiver ». Ou, pour parler comme un ancien Premier ministre, trouver la « positive attitude ». Un malheur, une mésaventure nous fournissent un enseignement qui peut nous aider par la suite. Sage morale, mais on peut lui préférer une solution qui permettrait d'échapper au malheur, jamais aussi « bon » que peut l'être un réel moment de bonheur. À rapprocher d'un petit conte de Voltaire présenté malicieusement comme une « nouvelle africaine », dont le premier titre est *Cosi-Sancta* et le deuxième, qui sert de conclusion, Un petit mal pour un grand bien. Pour donner du poids et de l'exotisme à son historiette, Voltaire la situe dans un petit diocèse d'Afrique sous l'autorité d'un évêque célèbre, le grand saint Augustin. Maintenant que vous connaissez la morale, nous vous laissons découvrir ce récit plein d'humour et particulièrement enlevé.

26
Chat échaudé craint l'eau froide.

Le chat, très proche de l'homme, se taille un beau succès dans la littérature proverbiale. « Échaudé » signifie « brûlé par de l'eau chaude ». Les Serbes disent : « Celui qui a été brûlé par le lait a peur du yaourt. » Les Grecs expriment la même idée autrement : « Celui qui s'est brûlé en mangeant trop chaud, souffle même sur un morceau froid. » Le sens est toujours le même : celui qui a été victime d'une tromperie devient méfiant.

27
À cheval donné, on ne regarde pas les dents.

Celui qui achète un cheval, entre autres choses, en examine les dents afin de connaître l'âge de l'animal et savoir s'il est en bonne santé. Mais on ne se comporte pas devant un cadeau comme devant un achat. Le présent est d'abord un geste d'affection et doit être considéré comme tel. Les Japonais n'ouvrent jamais un cadeau en présence de celui qui l'a offert : l'examen serait désobligeant pour le donateur. Le sens du cadeau est-il en train de se perdre dans notre société marchande ? Theodor W. Adorno s'arrête sur la question dans *Minima Moralia.*

28
Qui ose dire « Monsieur Éléphant a pété » ?

Proverbe baoulé (du groupe akan, Côte d'Ivoire, Ghana et un petit groupe au Togo). Devant les grands, on a intérêt à se faire petit. Cette vérité, pour ancienne qu'elle soit, a conservé toute sa vérité. La Fontaine nous a donné une belle moralité : « Selon que vous serez puissant ou misérable / Les jugements de cour vous rendront blanc ou noir. » (*Les Animaux malades de la peste,* VII, 1) Vérité qui vaut plus que tout sous un régime dictatorial, mais conserve une part de vérité dans les régimes à prétentions démocratiques.

29

Pierre qui roule n'amasse pas mousse.

Jolie formulation - assonance en ou (roule, mousse), allitérations en r (pierre, roule) et en s (amasse, mousse) - qui permet de bien s'ancrer dans les mémoires, ce qui est le but des proverbes. Le sens figuré ne pose pas réellement problème : à vouloir trop vagabonder, on ne parvient pas à se créer de racines ; ou encore : l'errance ne permet pas d'accumuler du bien. Éloge de la sédentarité et de la prudence. La prétendue « sagesse des nations » répugne souvent à l'audace ou au changement. Peu regardante, elle nous offre toutefois une sortie opposée en assurant que « Les voyages forment la jeunesse » ou que « Eau qui court ne porte point d'ordure » (dans diverses cultures). Cette dernière idée se retrouve chez l'inépuisable La Fontaine (*L'Hirondelle et les Petits Oiseaux*, I, 8) :

> [...] quiconque a beaucoup vu
> Peut avoir beaucoup retenu.

Mais son contraire se rencontre aussi dans la belle fable *Les Deux Pigeons* (IX, 2) qui incite les « amants, heureux amants » à se limiter aux « rives prochaines ». Qui croire ?

30

Oignez vilain, il vous poindra ; poignez vilain, il vous oindra.

Jolie formule et profonde pensée qu'on vous enviera mais qui risque de paraître obscure en raison de l'évolution de la langue. Le verbe *oindre* (latin *ungere*), aujourd'hui archaïque, signifie « enduire, frotter d'une substance grasse, huiler » ; au figuré « passer la pommade ». Les rois, jadis, étaient « oints », comme Clovis avec le saint Chrême apposé sur son front par l'évêque Remi. Il nous reste le substantif *onction,* qui est souvent « pontificale » et plus souvent encore « extrême », et l'adjectif *onctueux,* « doux et moelleux », au propre comme au figuré. Le verbe symétrique poindre (latin *pungere*) signifiait à l'origine « piquer », c'est-à-dire « blesser », « faire souffrir ». Seul le second sens s'est maintenu : « pointer », « apparaître » ; « Le jour commence à poindre ». Le *vilain,* c'était l'homme de la campagne, le manant, le bouseux. On peut alors expliquer le proverbe : celui que vous caressez vous poignarde ; celui que vous frappez vous encense. La gentillesse est rarement récompensée, alors que la méchanceté rapporte. Sur l'ingratitude des obligés et le respect des asservis. Avec effet de rime, de paronomase (mots de sonorité voisine : oindre et poindre) et chiasme (construction croisée : A+B / B'+A'). Du grand art. Le proverbe se rencontre chez Rabelais dans *Gargantua* (1534) au chapitre XXXII.

31

Si ta gueule est de travers, n'accuse pas le miroir.

Il y a ceux qui se trouvent des excuses, qui accusent les autres, et ceux qui cherchent des moyens pour s'en sortir. On ne peut pas indéfiniment s'en prendre à ses parents, ses maîtres, l'histoire, le destin. Ce proverbe russe, pour brutal qu'il soit, exprime une vérité profonde. Tout individu normal, en cette matière, passe par trois phases : 1. Mes parents sont des dieux. 2. Mes parents sont des cons. 3. Mes parents sont des gens comme tout le monde.

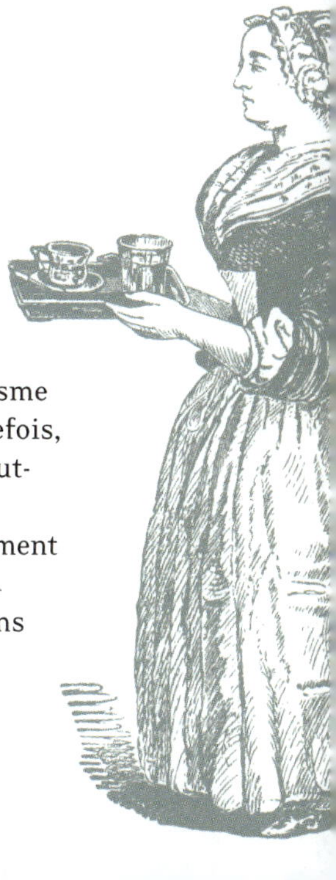

32

Le corps est le pagne de l'âme : c'est le serviteur qui enchaîne le maître.

À Madagascar, ancienne colonie française, on a lu Descartes et on n'ignore rien de la théorie du dualisme qui oppose le corps à l'âme. La sagesse locale, toutefois, a inversé la hiérarchie : l'âme n'est plus le pilote tout-puissant du navire soumis que serait le corps, elle devient l'esclave de son enveloppe physique. Le vêtement extérieur domine la réalité interne, comme parfois le domestique dirige le maître. Le corps a ses raisons que l'âme ignore.

33
On choisit ses amis, on subit sa famille.

Que celui qui n'a jamais eu de différend avec un parent proche s'élève pour contester ce proverbe. Rendons-nous à l'évidence : le mot « ami » suppose l'élection, le penchant affectif ; le mot « famille » connote les devoirs et les contraintes. Plus tranchés que nous, les Italiens établissent un rapport quantitatif : « *È meglio un buon amico, che centi parenti.* » (« Mieux vaut un bon ami, que cent parents. ») Sans doute parce qu'un ami, s'il se choisit, peut aussi être volontairement abandonné. Les parents, en revanche, restent toujours liés, dans le bonheur comme dans l'épreuve. Un poète bien oublié du XVIIIe siècle, Delille, concentrait l'idée dans un bel alexandrin :

> Le sort fait les parents, le choix fait les amis (*Malheur et pitié*, ch. I)

Montaigne, à qui nous devons des pages lyriques sur son amitié avec La Boétie, aurait sûrement partagé ce jugement.

34
La critique est aisée, et l'art est difficile

Un bel alexandrin devenu dicton, qu'on aurait tendance à attribuer à Boileau : il est de Destouches. Cet auteur de comédies à succès (1680-1754), aimait à placer des proverbes dans ses pièces, comme celui-ci que l'on trouve dans *Le Glorieux* (1732) à la scène 5 de l'acte II, ou cet autre, dans la même œuvre (III, 3) : « Chassez le naturel, il revient au galop. » L'opposition entre celui qui créé avec douleur et talent et celui qui commente avec paresse et désinvolture est très ancienne et très répandue. Un peintre grec du ve siècle avant notre ère, Zeuxis, craignant ses censeurs, avait inscrit au-dessous d'un de ses tableaux : « Il est plus facile de critiquer que d'imiter. » Avec humour, l'inimitable Rivarol reprenait l'idée : « C'est un terrible avantage de n'avoir rien fait, mais il ne faut pas en abuser. » Plus sobre, cette version coréenne : « Bon critique, mauvais travailleur. »

35

Qui apprend à jouer d'un instrument à quatre-vingts ans se fera entendre au jour du Jugement dernier.

Un proverbe qui intéressera tous ceux qui décident, à l'heure de la retraite, de se mettre au piano. Pour être francs, nous ne savons pas trop ce qu'il signifie, ce qui peut surprendre dans un livre qui prétend non seulement commenter des proverbes mais aussi les expliquer. S'agit-il de critiquer, voulant signifier par là que même pour bien faire, il est parfois trop tard ? Ou, tout à l'opposé, faut-il louer celui ou celle qui, à un âge avancé, continue de se tourner vers l'avenir, sa récompense étant d'être écouté(e) par tous à la fin des temps ? Nous n'en savons rien. Que le lecteur qui a la solution, nous écrive.

36
Jamais danseur ne fut bon clerc.

Le clerc était, autrefois, l'intellectuel, l'homme instruit, celui qui détenait le savoir. Au Moyen Âge et à la Renaissance, il est un homme d'Église, avant de devenir un homme de bibliothèque. Son goût de l'étude et de la lecture silencieuse est difficilement compatible avec les plaisirs frivoles comme la danse. Telle la cigale, qui oublie de faire des provisions pour chanter, le danseur, occupé à se distraire, néglige les charmes de l'instruction.
Une idée voisine vue par les Turcs : « Savant ne couche pas sur un lit de plumes. » Et, un peu différent, ce proverbe espagnol : « Apprends en pleurant et tu gagneras en riant. »

37

Tant qu'il reste un cheveu, on ne peut pas dire qu'on soit chauve.

Ce proverbe chinois prouve que nulle part dans le monde, la sagesse populaire ne renonce aux vérités d'évidence qu'on nomme, en termes savants, truismes. Celui-ci veut nous convaincre, sous sa formulation imagée, que rien n'est jamais perdu tant qu'un recours ou une solution, fussent-ils aussi ténus qu'un cheveu, existent. Assez proche de cette pensée du poète Théocrite, plus connue et plus directe : « Quand il y a de la vie, il y a de l'espoir. » Pour les amateurs de formules latines, ce brillant raccourci : « *Dum spiro, spero* » (« Tant que je respire, j'espère »). Le chauve plaît à la littérature proverbiale comme l'atteste cet adage persan : « Si chacun donne un cheveu au chauve, celui-ci finira par devenir chevelu. »

38
L'expérience est un peigne pour les chauves.

Les proverbes sont nombreux qui soulignent l'importance de l'expérience. On connaît, en particulier la formule d'Amadou Hampaté Bâ selon laquelle un vieillard qui meurt équivaut à une bibliothèque qui brûle. Dans une société de tradition orale, qui ne garde donc pas de traces écrites, quand un vieillard meurt, pour peu qu'il ne soit pas gâteux, c'est un trésor d'expérience dont la communauté ne peut plus disposer. Pourtant, en dépit de cette insistance de la sagesse populaire sur les bienfaits de l'expérience, il faut bien reconnaître que les épreuves de la vie nous en apprennent plus que les conseils ou même les exemples. C'est sans doute ce que veut signifier cette formule au premier regard trop pessimiste. Mais les proverbes le sont souvent.

39
Il n'y a pas de roses sans épine.

Avec des variantes, dont celles-ci : « Nulle rose sans épine », « Rose ne naît pas sans piquerons ». La signification est toujours la même : un élément agréable à regarder, à consommer ou à sentir (la rose) ne va jamais sans inconvénient ou risque (l'épine). Ou encore : nul bien ne s'obtient sans difficulté, voire souffrance. Déguster les huîtres serait une volupté sans mélange s'il n'y avait pas la dangereuse corvée de l'ouverture préalable. Plus romantique : la beauté de la femme (ou de l'homme) s'accompagne inévitablement de redoutables aspérités. Certains ont même avancé que le plaisir est d'autant plus grand qu'il s'obtient dans la douleur. Notre proverbe pourra être rapproché de celui-ci, plus rugueux, français et danois à la fois : « Il n'est si belle rose qui ne devienne gratte-cul. » Ronsard avait dit la même chose avec plus de tact.

40

Le plaisir de chercher vaut mieux que ce qu'on trouve.

Pascal disait : « La chasse vaut mieux que la prise. » Le vrai plaisir est dans le fait de chasser et non dans le gibier tué que, souvent, l'on serait prêt à donner au premier venu. Il en va de même pour le chercheur - d'un trésor ou d'une vérité. Tout son bonheur est dans l'activité d'une recherche qui se prolonge, le résultat n'en étant que, dans le meilleur des cas, le bref couronnement. Don Juan, chez Molière (I, 2), tient les mêmes propos au sujet de la conquête amoureuse. Cette vérité est illustrée par une anecdote que raconte Chamfort (n° 759). Un homme venait de perdre un procès qui avait duré vingt ans. Ses amis s'étonnaient de ne pas le voir plus attristé : « Oh ! dit-il, je l'ai gagné tous les soirs pendant vingt ans. »

41
Dans les petites boîtes sont les bons onguents.

Un proverbe qui confronte un contenant méprisable et un contenu précieux. Il peut se raccourcir par l'ellipse du verbe : « Dans les petites boîtes, bons onguents », ou changer de registre : « Dans les petits sacs, les fines épices. » Rabelais s'en est peut-être inspiré quand, dans le prologue de *Gargantua,* il nous parle des Silènes, « petites boîtes, comme celles que nous voyons à présent dans les boutiques des apothicaires », bariolées, décorées de motifs grotesques mais qui contiennent des « drogues fines, comme le baume, l'ambre gris, l'amone, la civette, les pierreries et autres choses de prix ». La métaphore prépare celle de Socrate, laid mais profond, de certains livres qui cachent sous des titres burlesques une matière savante, de l'os à moelle, négligeable mais rempli d'une substance riche. Plus simplement, le proverbe peut servir de revanche aux personnes de petite taille : apparence mineure, mais personnalité supérieure. Exemple, les petits de l'histoire : Napoléon et d'autres chefs d'État plus récents.

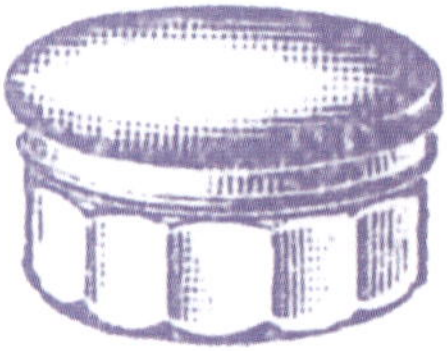
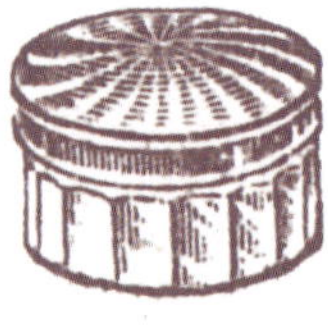
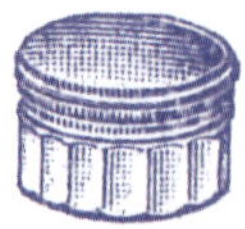

42
Les mots sont des nains, les exemples des géants.

Proverbe suisse qui met en opposition la vanité de la parole et l'efficacité de l'exemple. On dit parfois qu'un bon dessin vaut mieux qu'un long discours. Selon notre proverbe, il en est de même pour l'exemple. L'idée peut trouver une application évidente dans la démarche pédagogique ou la théorie demande à être soutenue par l'exemple. On peut lui donner aussi une portée plus philosophique : cessez de parler, donnez-vous en exemple. Les Espagnols, dans ce sens, disent : « La bonne vie est le meilleur sermon. » À rapprocher de la parole, pas toujours bien comprise, tirée de l'Évangile de Matthieu : « Faites ce que je dis, mais ne faites pas ce que je fais. » (XXIII, 3)

43
Qui se sent morveux, se mouche.

Que le coupable se reconnaisse. On disait aussi autrefois : « Qui se sent galeux, se gratte. » La gale, sans avoir tout à fait disparu, se fait rare. De ce fait, l'expression est tombée en désuétude. Mais les nez continuent de couler chez les petits comme chez les grands. La preuve, on peut dire, encore aujourd'hui : « Les morveux veulent moucher les autres. » Finalement, personne n'est jamais innocent.

44

On ne prend pas les mouches avec du vinaigre.

Proverbe très employé mais qui mérite un commentaire. On l'explique le plus souvent ainsi : le succès s'obtient plus facilement par la douceur que par la violence. Creusons un peu et élargissons le sens : il est risqué, pour la réussite d'une entreprise, d'emprunter les chemins de la provocation. Le vinaigre, répulsif de la mouche, ne peut espérer apprivoiser l'insecte et donc favoriser un compromis ou une victoire. Un autre leurre serait mieux venu, quelque chose de doux qui flatte la gourmandise de la mouche, le miel par exemple. Ce que dit le proverbe dans une autre version : « On prend plus la mouche avec du miel qu'avec du vinaigre » (forme attestée également en turc et en danois). Il s'agit donc d'appâter judicieusement l'adversaire, d'analyser sa psychologie et ses goûts pour ne pas le heurter et le détourner du piège éventuel. Une variante : « On ne prend pas les vieux moineaux avec de la paille. »

45
Oisiveté est mère de tous les vices.

Le chômeur involontaire (c'est souvent le cas) peut être tenté d'oublier son désœuvrement par l'abandon à des passions coupables. Mais le rentier, oisif par choix, peut tirer un parti précieux de son loisir doré. L'*otium* des anciens était la condition de la réalisation personnelle, alors que le *neg-otium* (toutes les activités rémunérées) était considéré comme dégradant.
Les Italiens disent la chose avec plus de recherche : « Un cerveau plein de paresse est l'atelier du diable. »
Ce que Voltaire souhaitait démontrer en conclusion de son conte philosophique *Candide* quand il assure : « Le travail éloigne de nous trois grands maux, l'ennui, le vice, et le besoin. » Encore faut-il savoir de quel travail on parle. Si c'est du jardinage, auquel sont voués Candide et ses amis, pourquoi pas.
Mais pour les cadences infernales ?

46
Mieux vaut verge courte que dormir seule.

Autrement dit, en matière de sexe, quand on n'a pas ce que l'on aime, il faut aimer ce que l'on a. Nous sommes en présence d'un problème qui paraît préoccuper nos contemporains si l'on en juge par le nombre des messages *via* Internet qui proposent des recettes miraculeuses pour allonger le membre de la génération. Un adage bien connu veut que la dimension ne fasse rien à l'affaire. « Comme le dit ma grand-mère, il vaut mieux en avoir une petite et vigoureuse qu'une grosse et paresseuse. » Une amie ivoirienne, interrogée sur la valeur du point de vue de la grand-mère, n'approuvait qu'à moitié et, parlant de la dimension, m'a dit un jour : « Ça y fait. Ça y fait. » Le proverbe porte cependant plus sur la solitude que sur le sexe à proprement parler. On se contente de peu plutôt que de se trouver seul. D'où l'importance des animaux de compagnie, affections « fausses et frivoles » (Montaigne, *Essais*, I, 4).

47
Le sage sait qu'il est fou de vouloir être sage tout seul.

La sagesse nous conduit à ne jamais négliger notre entourage. Cette vérité est illustrée avec saveur en Europe centrale : « Si une personne te dit que tu es un cheval, n'y prête pas attention. Si deux personnes te disent que tu es un cheval, commence à dresser l'oreille. Si trois personnes te disent que tu es un cheval, cours t'acheter une selle. » Pascal s'arrête sur cette idée tout en ayant eu, pour sa propre conduite, le courage de ne pas s'aligner en tout point sur ses contemporains.

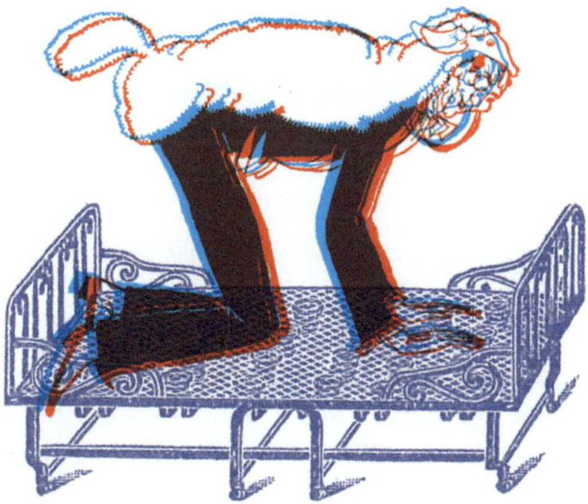

48
L'habit ne fait pas le moine.

Ce proverbe est très bien compris aujourd'hui : il ne faut pas juger les gens sur leur apparence, le mot « habit » étant pris dans un sens large. À l'origine, la signification était cependant un peu différente. La formule suggérait que le seul fait de porter le vêtement propre à un ordre monastique n'impliquait pas que la personne ait la foi. Cela se comprend si l'on considère que l'entrée dans un monastère résultait souvent de considérations qui ne tenaient en rien à la religion.
De là de nombreux abus et, en réaction, des mouvements de réforme pour se rapprocher des principes évangéliques de pauvreté et de rigueur. Thérèse d'Avila (1515-1582), aidée de Jean de la Croix (1542-1591), réforma, par exemple, le Carmel : carmélites et carmes déchaussés (appelés ainsi parce qu'ils marchaient pieds nus dans leurs sandales).
Des illustrations amusantes du sens général chez La Fontaine : *Le Cochet, le Chat et le Souriceau* (VI, 5) et, moins célèbre, *Le Torrent et la Rivière* (VIII, 23).

49

Il n'y a pas de fumée sans feu.

Redoutable formule qu'on s'obstine à voir ériger au rang de vérité générale. Dans une petite ville de province, le maire, qui s'est courageusement opposé à des transactions douteuses, est accusé, dans une campagne anonyme, de pratiques pédophiles. Démentis, mises au point, justifications, prise de position indignée de ses proches... Aucune charge n'est réellement retenue contre l'édile victime de diffamation. Et pourtant, aux élections suivantes, le maire sortant est battu. Les électeurs les plus bienveillants ont admis avoir été ébranlés : certes le prévenu a été blanchi par la justice, mais, comme on dit, « Il n'y a pas de fumée sans feu ». Pour le phénomène de combustion, la formule est juste ; pour sa portée métaphorique, on peut en douter, notamment quand la fumée est entretenue par des malfaisants et le feu produit par des jaloux. « Calomniez, calomniez, il en restera toujours quelque chose », dit-on, et Beaumarchais plaçait dans la bouche de son Bazile un couplet devenu célèbre grâce à la musique de Rossini : « La calomnie, monsieur ! Vous ne savez guère ce que vous dédaignez ; j'ai vu les plus honnêtes gens près d'en être accablés. Croyez qu'il n'y a pas de plate méchanceté, pas d'horreurs, pas de conte absurde, qu'on ne fasse adopter aux oisifs d'une grande ville, en s'y prenant bien... » (*Le Barbier de Séville,* II, 8) Certains de ces calomniés ne s'en sont jamais remis et ont préféré, dans la vie politique notamment, la mort au déshonneur. Un proverbe, appliqué sans recul critique, peut devenir un pousse au crime.

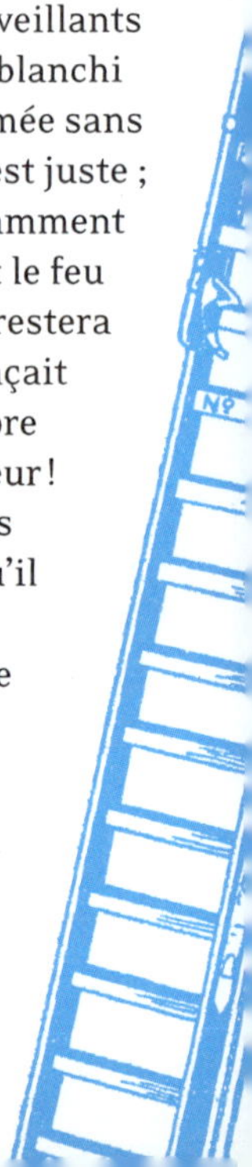

50
Pour éteindre l'incendie, on n'a pas besoin d'eau potable.

Ce proverbe africain fait penser au célèbre « La fin justifie les moyens ». Mais il s'en distingue par le fait qu'il concerne une situation de crise extrême, une question de vie ou de mort. Dans ces conditions, on doit parer au plus pressé. Le problème moral reste cependant posé. Est-ce que, pour sauver sa vie ou celle des siens, on peut tout se permettre ? Est-ce que l'on peut tuer un enfant au nom d'un monde meilleur ? Camus pose à plusieurs reprises la question, et tout spécialement dans *Les Justes*.

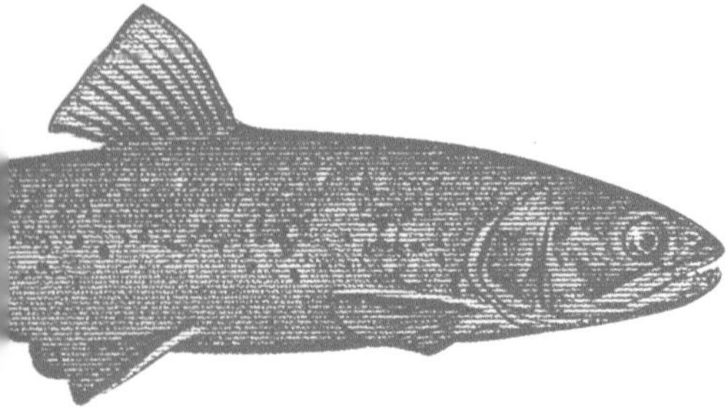

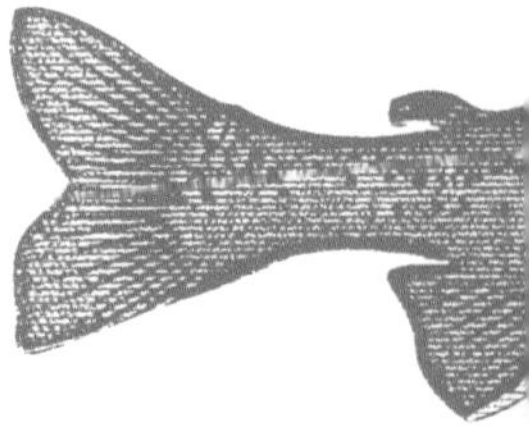

51
On prend la truite en la chatouillant.

Tous ceux qui ont pêché la truite à la main savent qu'elle ne bouge pas tant qu'on lui caresse le ventre. Le problème est ensuite de lui accrocher la tête. Cette formulation qui nous vient de Shakespeare (*La Nuit des rois,* II, V, 24) insiste sur la nécessité d'être diplomate pour arriver à ses fins. Un proverbe français exprime la même idée autrement : « On ne prend pas les mouches avec du vinaigre ». Le thème de la truite se retrouve chez Cervantès, mais pour exprimer une autre idée : « On ne pêche pas la truite sans se mouiller les chausses. » Les chausses, avec un « haut-de-chausses » et un « bas-de-chausses », ont précédé le pantalon, du moins dans les milieux aisés.

52
Les chiens aboient, la caravane passe.

Ce proverbe, très utilisé, serait d'origine albanaise ou persane. Il invite à se montrer insensible aux critiques et aux reproches pour poursuivre sa route dans la direction que l'on s'est fixée. Il peut s'interpréter aussi dans une perspective fataliste : la vie s'écoule de façon continue en dépit des accidents de parcours. Dédain pour les aboyeurs et constance dans l'action. Le chien, dans les proverbes, se fait souvent entendre. Ainsi on dit : « aboyer à la lune », pour des cris en l'air et sans suite. Ou, assez proche : « Chien qui aboie ne mord pas » pour ceux qui font « beaucoup de bruit pour rien ». Et, à l'inverse : « Jamais bon chien n'aboie à faux », façon de souligner que les protestations ou les fâcheries ont souvent une cause.

53
Bonjour lunettes, adieu fillettes.

Apprécions d'abord la forme : économie syntaxique (quatre mots), force elliptique (pas de verbe), opposition sémantique (bonjour/adieu), effet de rime (lunettes/fillettes). Le fond est plus douloureux : en prenant de l'âge, la vue décline, en même temps que s'éloigne l'aptitude à séduire les jeunes filles. La langue moderne remplacerait volontiers « fillettes » par « minettes », sans préjudice pour la rime ; « nymphettes » conviendrait aussi mais fait vieillot. Il faut le talent d'un Nabokov pour laisser croire qu'une Lolita peut s'intéresser au vieillissant Humbert Humbert. On trouve encore, tout aussi cruel : « Les lunettes et les cheveux gris sont des quittances de l'amour. » Proverbes inventés avant l'arrivée des lentilles de contact.

54
Pour vivre heureux vivons cachés.

C'est l'histoire d'un grillon, obscur, sans mérite, qui envie le sort du prestigieux papillon, admiré pour son vol et ses couleurs. Jusqu'au moment où un groupe d'enfants court après le papillon, l'attrape et le fait périr. Le grillon, témoin de la scène, se ravise. Et en langage poétique, il conclut :

Oh ! oh ! dit le grillon, je ne suis plus fâché ;
Il en coûte trop cher pour briller dans le monde.
Combien je vais aimer ma retraite profonde !
Pour vivre heureux, vivons caché.
(*Fables*, « Le Grillon », II, 15)

Ce n'est pas La Fontaine, qui invente cette fable, mais l'aimable Florian (1755-1794) à l'œuvre délicieuse et à la vie trop brève. Il n'imaginait pas que la morale de sa fable passerait en proverbe et serait récupérée par les « people » du XXIe siècle, soucieux d'échapper aux paparazzis.

55
Plus on est de fous, plus on rit.

Éloge de l'hospitalité. La phrase s'emploie en guise d'accueil à l'égard des invités imprévus, parfois un peu parasites. « Quand il y en a pour trois, il y en a pour six », dit-on encore. Ce qui semble oublier que les portions seront moins grandes. L'autre idée est que l'ambiance sera améliorée par quelques lurons supplémentaires, mathématique douteuse. La vraie question est de savoir ce que viennent faire les « fous ». On pourrait très bien dire : « Plus on est nombreux, plus on rit. » Peut-être parce qu'il faut être un peu fou pour penser que l'accroissement quantitatif ne va pas altérer l'équilibre qualitatif. Ou que la gaîté collective est seule bonne pour les fous ?

56
Maison faite, femme à faire.

Un peu ambigu, mais sûrement misogyne, comme semble l'exiger la tradition du proverbe. Premier sens : la maison est faite, il reste à former une femme (comment ?), ce qui fixe l'ordre des priorités. Deuxième sens : on a intérêt à acheter une maison déjà construite, puis à épouser une femme que l'on formera – la première tâche étant plus longue et difficile que la seconde. Troisième sens : une maison finit toujours par être achevée, une femme reste toujours à former – version la plus vacharde que n'approuvent pas les auteurs, pourtant mâles, de cet ouvrage. Le même verbe « faire », appliqué à une femme et à une maison, n'est pas très flatteur pour nos épouses. Pour se faire pardonner, ce proverbe hindi : « Le foyer n'est pas une pierre, mais une femme. »

57
Ne changez pas de cheval au milieu de la rivière.

On doit aux Américains ce conseil de sagesse. Quand l'aventure est commencée, avec un partenaire ou une équipe, on a intérêt à la poursuivre jusqu'à son terme sans modifier la composition du groupe. La langue sportive nous a gratifiés de la formule : « On ne change pas une équipe qui gagne. » Ce qui relève du bon sens. Mais quand l'équipe, ou certains de ses membres, montre des signes de défaillance, faut-il persévérer jusqu'à l'échec probable ? Si la versatilité est fâcheuse, l'obstination est suicidaire. Dans certaines versions, le gué remplace la rivière, le gué désignant l'endroit où l'eau est assez basse pour que l'on puisse traverser à pied. L'image est différente, non la signification du message.

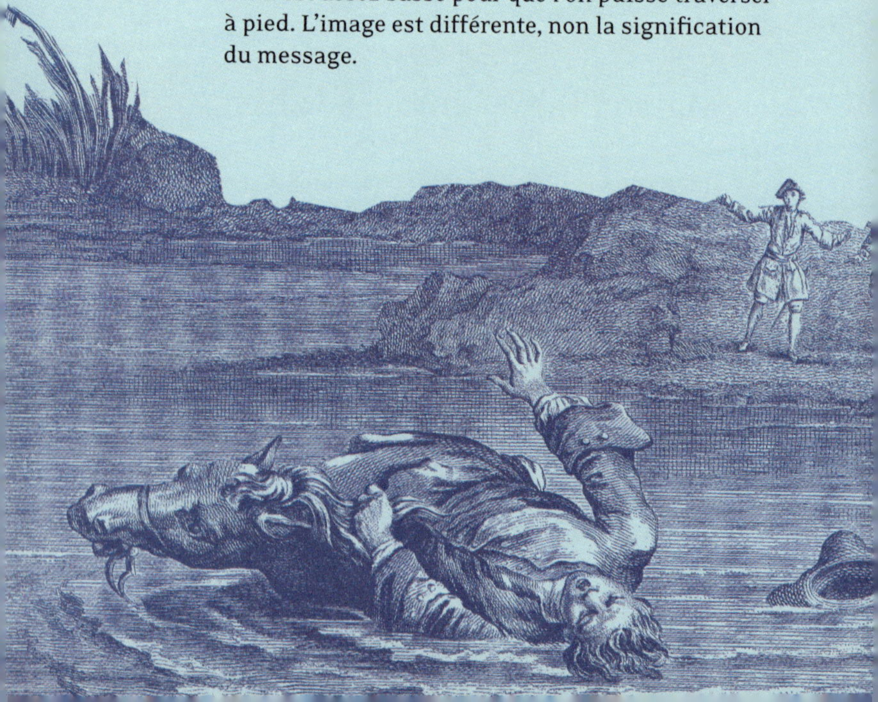

58

Œil de lynx pour autrui, œil de taupe pour soi-même.

Le lynx a la réputation d'avoir une vue perçante. La taupe est pratiquement aveugle. D'où cette métaphore pour dire que nous voyons le brin de paille qui est dans l'œil de l'autre, mais pas la poutre qui est dans le nôtre. Cette formulation imagée nous vient de La Fontaine (*La Besace*, I, 7), qui l'a peut-être trouvée chez divers devanciers :

> Lynx envers nos pareils et taupes envers nous,
> Nous nous pardonnons tout et rien aux autres hommes. [...]
> Le fabricateur souverain nous créa besaciers [munis de besaces, de sacs pour porter des objets] [...] :
> Il fit pour nos défauts la poche de derrière,
> Et celle de devant pour les défauts d'autrui.

59

Après la pluie, le beau temps.

Parole de bon sens qui invite à la patience dans l'épreuve. Le malheur d'aujourd'hui sera bonheur demain. Les beaux jours succéderont à la tempête. Le proverbe s'inspire sans doute de la Bible où nous trouvons : « Après l'orage vient le calme. » (Tobie, III, 22) Un vers de Shakespeare reprend l'idée de façon poétique :

> La coupe de nos vicissitudes se remplit d'une liqueur changeante (*Henry IV,* II, III, 1).

D'autres dictons la confirment : « Toujours ne dure orage ni guerre » ou « Les jours se suivent et ne se ressemblent pas ».

60

Plante une pousse de bambou - tu couperas du bambou toute ta vie.

William Boyd, écrivain anglais né au Ghana en 1952, a mis ce proverbe chinois en épigraphe de son recueil d'articles intitulé justement *Bambou.* L'explication qu'il donne pour justifier ce choix n'est pas évidente (« La pousse de bambou que fut ma première recension [...] s'est, comme la plante elle-même, multipliée de façon exponentielle »). L'idée se retrouve dans un autre proverbe chinois qui est devenu une véritable scie dans les débats sur le développement : « Si tu donnes un poisson à un homme, tu calmes sa faim pour une journée. Si tu lui apprends à pêcher, tu le nourris pour le reste de ses jours. » Sagesse incontestable qui nous incite à prendre en compte le long terme. À l'opposé, tous les proverbes sur le primitif qui coupe l'arbre pour en manger le fruit.

61
Quand le fromager est tombé, les chèvres y grimpent.

Le fromager n'est pas un arbre sur lequel poussent des fromages et aux branches duquel le corbeau de la fable aurait pu se fournir. Il s'agit d'un arbre d'Afrique qui peut atteindre une grande taille. Le tronc est constitué d'un bois très friable, d'où sans doute le nom qui lui a été donné. Indépendamment de cela, dans notre proverbe, il représente la puissance et les chèvres le menu fretin. Quand le puissant est tombé, les petits qui vivaient sous sa coupe survivent et parfois grappillent son héritage. Au Tibet, la même idée est exprimée d'une façon plus brutale : « Les corbeaux dévorent les yeux du cheval. »

62
On ne manie pas le beurre sans se graisser les doigts.

Proverbe bien français qui ne s'applique pas, ainsi qu'on aurait pu le penser, aux cuisiniers et aux mitrons. Comme dans beaucoup d'expressions nationales (« faire son beurre », « mettre du beurre dans les épinards », « assiette au beurre »...), le beurre est une métaphore populaire de l'argent. Sans doute un vestige de l'époque où seuls les riches pouvaient se permettre d'agrémenter de beurre leurs repas. Le sens de notre proverbe devient clair : à manipuler de l'argent, on en tire toujours quelque profit. Reste à savoir si la phrase exprime un conseil ou un reproche. Le doute n'est pas permis si l'on fait le rapprochement avec une autre expression imagée du même registre : « graisser la patte à quelqu'un ». Il faudrait poser la question à votre banquier. Ou, plus modestement, au trésorier de votre association.

63

Un bon chien ne mord pas les poules. Un bon mari ne bat pas sa femme.

Les proverbes conseillant de battre son épouse sont innombrables et se retrouvent dans toutes les cultures. Le plus connu est celui incitant à la frapper régulièrement en vertu du principe « Si tu ne sais pas pourquoi, elle, elle le sait ». On dit dans certaines de nos régions : « Les femmes sont comme les omelettes, elles ne sont jamais assez battues. » Ce proverbe chinois rompt avec le leitmotiv. Notons cependant que la condamnation du châtiment corporel en direction de l'épouse ne repose pas sur la nécessité de la considérer comme une personne. L'important est l'efficacité, le bon fonctionnement de l'organisation sociale. Il n'en reste pas moins que nous resterons sur l'idée qu'il ne faut pas battre une femme, même avec une fleur. Et encore moins avec des mots.

64
Plaie d'argent n'est pas mortelle.

Les proverbes évoquent souvent l'argent, essentiellement pour en relativiser l'importance. C'est le cas ici où, grâce à une métaphore médicale, on nous rappelle qu'une perte matérielle est réparable, qu'on s'en remet toujours... surtout si l'on dispose encore de quelque argent pour atténuer les effets de la blessure financière. Les victimes de Bernard Madoff, escroc américain de haute volée, continuent à ruminer ce proverbe. Toutefois, l'accumulation des plaies peut se révéler tragique. Ce que disent d'autres adages comme celui-ci : « Faute d'argent, c'est douleur sans pareille. » Ou, dans une autre version : « Quand l'argent fault [manque], tout fault. »

65

Quand les gros maigrissent, les maigres meurent.

Venu de Chine, ce proverbe nous enseigne la relativité des conséquences d'un mal. Face à une calamité (et pas seulement la famine), ce sont les plus faibles qui sont les plus touchés. Que l'on pense aux catastrophes naturelles ou aux crises économiques, divers exemples confirment l'affirmation : les plus à l'aise sauront, grâce à l'argent ou aux appuis, limiter les dégâts, alors que les plus pauvres seront durement frappés. Avec cette nuance que le couple gros/maigre n'a plus, aujourd'hui, la même pertinence, l'importance sociale ne se mesurant pas à la masse pondérale et les classes aisées ayant le désir (et les moyens) de conserver la ligne.

66
Les cornes de l'antilope poussent quand on la chasse.

Proverbe africain : en France, on aurait remplacé l'antilope par le lièvre ou par la perdrix - mais on y perdait les cornes. Dans la phrase, la deuxième proposition aurait intérêt à être changée en « quand elle est chassée », ce qui lèverait l'ambiguïté et permettrait de comprendre que dans son effort pour échapper au fusil ou à la lance, l'antilope gagne en expérience et en vaillance. En généralisant : l'épreuve du malheur rend fort. La misère ou la souffrance font grandir. Les Allemands, encore plus elliptiques, proposent : « Le pot vide éclate sous le feu. » L'idée se trouve chez Sénèque qui écrivait : « L'arbre devient solide sous le vent. »

67
Si les chats gardent les chèvres, qui attaquera les souris ?

Ce proverbe nous enseigne une vérité d'évidence : à chacun son métier. Que chacun agisse selon ses compétences. Il fait intervenir un couple indissociable, présent chez La Fontaine comme dans les dessins animés, le chat et la souris. Il se formule aussi comme une hypothèse assortie d'une interrogation. Le fabuliste Florian a illustré l'idée dans *Le Vacher et le Garde-chasse* où se trouve la morale, passée en proverbe :

Chacun son métier,
Les vaches seront bien gardées.

Les Arabes le disent autrement : « Donnez votre pain à cuire à un boulanger, dût-il vous en manger la moitié. »

68
Le chirurgien s'instruit aux dépens de l'orphelin.

Ce proverbe arabe est une merveille de concision : le chirurgien, par ses pratiques risquées, précipite ses patients dans la tombe et fabrique ainsi des orphelins. La tradition associe les médecins à l'opprobre, corporation dangereuse qui agit sans discernement sur le corps des malades. La littérature nous a fourni quelques fortes images de charlatans dangereux, parmi lesquels Diafoirus et ses sinistres confrères, vêtus d'habits noirs, de masques et de chapeaux pointus. Puisqu'il est question de Molière, rappelons son jugement sur les médecins : « Ils n'ont pas plus de part que toi aux guérisons des malades, et tout leur art est pure grimace. » Et Sganarelle, qui reçoit ces mots, se réjouit de constater que le vin émétique, prescrit par lui, a fait mourir « tout d'un coup » un malade récalcitrant qui résistait depuis six jours (*Dom Juan,* III. 1). Dieu merci, la médecine a accompli de très sérieux progrès.

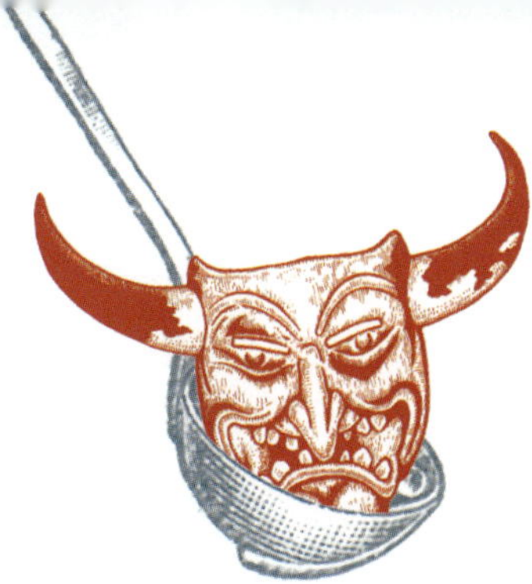

69

Quand on mange avec le diable, il faut se munir d'une grande cuillère.

Ce proverbe apparaît souvent sous la plume des journalistes. Il s'agit toujours de situations où celui qui est évoqué au travers de la métaphore du diable est une personnalité quelque peu sulfureuse (Kadhafi, Poutine, etc.). Il s'agit d'indiquer qu'il va falloir garder ses distances et faire preuve d'un machiavélisme au moins égal à celui de l'interlocuteur. Une façon de dire : « Quand on est trop bon, le loup vous mange. » La formulation est un peu différente dans le monde arabe : « À manger avec le diable, la fourchette n'est jamais trop longue. »

70

Quand on porte sur la tête un pot rempli de sang, il ne faut pas se plaindre des mouches.

Venu d'Afrique, ce proverbe peut évidemment s'exporter sur la planète entière. Celui dont les actions sont louches ne doit pas se plaindre des rumeurs malveillantes qui courent sur son compte. On pourrait rapprocher de cette expression imagée de nombreux proverbes sur la renommée et sur le fait que, pour parler comme Gide, nos actes s'attachent à nous comme la lueur au phosphore.

71
Comme on fait son lit, on se couche.

Ce proverbe s'exprimait, dans sa forme ancienne, en distique :

> Qui fait mal son lit
> Mal couche et gist [gît]

Il établit la liaison entre la cause et l'effet. Le mauvais sommeil est le résultat d'un lit mal fait, comme les conséquences d'une action découlent de la responsabilité de son auteur. En bien comme en mal. Le prévoyant est récompensé de sa préparation ; le négligent puni de son insouciance. La plus célèbre des fables de La Fontaine, *La Cigale et la Fourmi* (I, 1), peut servir d'exemple. À condition de ne pas en détourner la morale comme le craignait Rousseau : « Vous leur [aux enfants] donnez la Cigale pour exemple ; et point du tout, c'est la Fourmi qu'ils choisissent. [...] C'est le choix de l'amour-propre, c'est un choix très naturel. » (*Émile,* II)

72
Il vaut mieux faire envie que pitié.

Cette revanche des gros pouvait convenir à une époque où la tyrannie de la maigreur n'avait pas cours. Alors, le bien portant suscitait une flatteuse admiration, voire un peu de jalousie : il faisait envie. À l'opposé, le maigre, le mal nourri, l'indigent ne pouvait inspirer qu'un mouvement de compassion. Ce temps a bien changé au point d'inverser le sens du proverbe : c'est le top-modèle filiforme ou le svelte éphèbe sont enviés, alors que l'obèse fait pitié, on le raille ou le méprise. Ce que révélait déjà Henri Béraud dans son roman *Le Martyre de l'obèse* (prix Goncourt 1922). Pour une opposition entre le gros riche et le maigre pauvre, se reporter à La Bruyère et aux portraits symétriques de Giton et Phédon : « Giton a le teint frais, le visage plein et les joues pendantes... » ; « Phédon a les yeux creux, le teint échauffé, le corps sec et le visage maigre... » (*Les Caractères*, VI, 83)

73
La glaise pour devenir terre à mouler doit être pétrie.

Ne comptons pas trop sur les proverbes pour nous inviter à mener une vie hors des sentiers battus. Celui-là, loue les vertus du travail et le sens du long terme. « L'éponge absorbe, mais il faut la presser pour qu'elle s'exprime », disent les Allemands. L'idée peut concerner de nombreux domaines. Le geste de la danseuse, du joueur de tennis, du musicien, quand ils sont des maîtres, donne le sentiment d'une absence d'efforts. Cela s'appelle la grâce. Mais cette aisance résulte d'un entraînement prolongé. « La joie venait toujours après la peine. » Tout le monde connaît ce vers extrait du « Pont Mirabeau » d'Apollinaire.

74
Tant vaut l'homme, tant vaut la terre.

Les proverbes correspondent parfois à des vérités de gros bon sens que l'on a tendance à oublier. L'idée exprimée ici pourrait être rapprochée de tout ce qui a été dit sur l'œil du maître, mais ne s'y limite pas. L'éloge du travail est un thème récurrent. « Au paresseux laboureur, les rats mangent le meilleur. » Cette vérité a été confirmée par l'accès des paysans à la propriété après la Révolution, à la suite de la vente des bien nationaux. La productivité s'est nettement améliorée quand le manant s'est mis à travailler sa terre. À l'opposé, les résultats des fermes collectives en URSS étaient bien médiocres. Ce qu'exprimait un autre dicton : « C'est toujours la vache du kolkhoze qui est malade. »

75
Mieux vaut les ordures du labeur que le safran de la paresse.

Proverbe arabe sur les vertus du travail opposées aux méfaits de l'oisiveté, et construit autour de deux termes imagés de sens antinomique : ordure/safran. L'habileté de la formule est d'appliquer le mot dévalorisant, *ordure,* à l'activité respectable, le *labeur,* et la métaphore flatteuse, le *safran* (tenu en grande estime en Orient et très cher partout), à l'attitude méprisable, la *paresse.* Le message est clair : tout travail, même en apparence dégradant, rend digne. L'oisiveté, même nimbée de prestige, est malsaine. Les mêmes Arabes disent encore, dans un esprit voisin : « La paresse ne fait pas manger de miel. »

76
Les paroles sont femelles, les faits sont mâles.

Les auteurs de ce livre présentent leurs excuses aux lectrices pour la tonalité franchement misogyne de ce proverbe, et de quelques autres qui sont parfois recueillis ici. Ils n'en sont pas responsables et ne la cautionnent pas. Les proverbes, dictons, adages appartiennent à la pensée populaire où, par tradition et en raison de la domination masculine, la femme est moquée et l'homme valorisé. Cette formule est censée illustrer un défaut répandu chez les femmes : le bavardage. Ces dames seraient incapables de garder un secret, comme le dit ce proverbe yiddish : « Le secret porte culotte. » Elles ne résisteraient pas au besoin de parler, comme l'assure cet autre, venu de Russie : « Quand la femme ne sait plus que répondre, c'est que la mer est vide. » Inventeurs de la prétendue « sagesse des nations », les hommes se réservent le beau rôle : celui d'agir. D'où la masculinité des faits.

77

Chacun de nous porte un fou dans son manteau, mais certains le dissimulent mieux que d'autres.

Nous sommes tous plus ou moins incohérents, nous rappelle ce proverbe suédois, mais chez certains cela se voit plus que chez d'autres. Disons que nous sommes tous des nœuds de contradiction, tous des fous en puissance. L'homme considéré comme « normal » est cependant celui qui, à défaut de les trouver justifiées, respecte les règles de fonctionnement de sa société. Le point de vue, relativement conventionnel, énoncé par ce proverbe mérite pourtant d'être nuancé. Il y a tout de même des individus plus équilibrés que d'autres, s'intégrant mieux que leurs semblables. La maturité se caractérisant par la capacité à prendre en compte le fait que les autres existent. Il faudrait aussi s'arrêter sur les créateurs. Les plus faibles basculent parfois dans la démence (Nerval, Van Gogh…), mais le propre du génie est d'être capable d'imposer sa folie.

78
C'est l'intention qui compte.

En matière de droit, l'intention est bien prise en compte. La peine infligée n'est pas la même dans le cas du « crime avec préméditation » (intention de sang-froid), du « crime passionnel » et de la « mort sans intention de la donner ». En même temps, l'intention, même si l'action, pour une raison ou une autre, n'a pas été réalisée, peut faire l'objet d'une sanction. Le principe qui accorde tout à l'intention qu'exprime la formule « C'est l'intention qui compte » est dangereux. En son nom, on a massacré des millions de personnes. Pour le bonheur de l'humanité future (intention fort louable), on a sacrifié l'humanité présente. Dans *Crime et châtiment,* Dostoïevski posait la question de savoir si, pour faire le bonheur de milliers de personnes, il ne serait pas louable de tuer une vieille femme nuisible. Dans *Les Provinciales* (1656-1657), Pascal se moquait déjà des jésuites qui, au nom d'une bonne intention, autorisaient des actions qui ne l'étaient pas. À noter que l'expression peut être prise en bonne part pour excuser l'échec d'une personne qui a voulu bien faire.

79
Bœuf dételé peut enfin se lécher.

Proverbe tout simple sur les possibilités qu'offre la retraite. Celle-ci permet de faire enfin ce à quoi on a rêvé toute sa vie, du moins quand on n'y arrive pas trop âgé et trop fatigué. Il faudrait tout de même nuancer. Il est sans doute tard, quand on va sur ses soixante ou soixante-cinq ans, pour commencer à écrire, peindre, voyager, marcher. Nous pensons à ce haut fonctionnaire qui, toute sa vie, s'était promis, une fois la retraite venue, de devenir un infatigable piéton de Paris. Mais il resta dans le métier le plus longtemps possible et, les rhumatismes aidant, ou plutôt n'aidant pas, il ne réalisa jamais le début du commencement de son rêve. Que de personnes qui s'étaient promis d'écrire une fois libérées des contraintes et qui ne l'ont pas fait ! Parce que, même pour bien faire, il est parfois trop tard. Un bœuf sage n'attend pas d'être à la retraite pour se lécher.

80
La barbe dit le jour ce que la natte dit la nuit.

La natte, c'est la femme, désignée par sa chevelure qui, dans la tradition africaine, peut s'exprimer en toute liberté avec son mari seulement la nuit, hors du contrôle social. Il arrive souvent que, le jour venu, celui-ci, doté ou non d'une barbe, s'exprime en public en tenant compte de son avis. Même dans des sociétés très machistes dans leur fonctionnement, la sagesse des femmes est reconnue, fût-ce d'une façon informelle ; d'autres diraient qu'elles participent ainsi au pouvoir. Dans un premier temps, nous avions pensé que le mot « natte » désignait le tapis sur lequel le couple dort et qu'il évoquait les discussions entre époux hors de tout regard. Il semble bien que cette explication soit tirée par les cheveux.

81
La barbe ne fait pas le philosophe.

Cet apophtegme qui nous vient des Grecs correspond à notre « L'habit de fait pas le moine » et nous incite à nous méfier des apparences. Dans le même esprit, les Grecs disaient : « Si la barbe suffisait à la sagesse, un bouc vaudrait Platon. » À noter que la barbe n'est plus connotée de la même manière. Aujourd'hui, surtout quand elle est noire et broussailleuse, elle évoque pour certains le fanatisme, c'est-à-dire exactement le contraire de la philosophie. Mais ne tombons pas dans l'excès inverse. La barbe ne fait pas le fanatique.

82
L'homme est un loup pour l'homme.

La formule apparaît tout d'abord dans une pièce de théâtre d'un auteur latin, Plaute (254-184 av. J.-C.), puis chez un philosophe anglais, Hobbes (1588-1679). À première vue, elle semble lumineuse d'évidence tant la canaillerie est répandue. Mais à y regarder de près, on se dit qu'elle est injuste pour les loups. Ces animaux, en effet, ne tuent que pour se nourrir et on ne trouve pas chez eux, comme chez les hommes, la cruauté pour la cruauté. Par ailleurs, il arrive que l'on rencontre des personnes qui sont la gentillesse incarnée, qui ont toujours le geste ou la parole qui prévient, soulage, réconforte, réchauffe et qui, ce faisant, sont un démenti vivant de la formule. Au passage, la réputation de Hobbes a souffert de cette formule. Paradoxalement, ce défenseur de la monarchie est au point de départ de la notion de droits de l'homme. Mais la place manque pour expliquer en quoi.

83

L'étrier est le père de la selle.

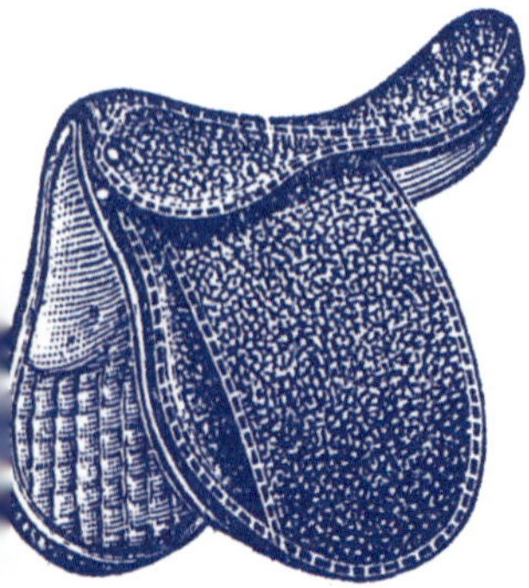

Ce proverbe d'Afrique noire a été recueilli en langue yoruba (sud-ouest du Nigeria), dans une région où, sans doute, on monte à cheval ou au moins à dos d'âne. L'étrier sert de marchepied à qui veut atteindre la selle, noble accessoire du cavalier. Il est l'étape intermédiaire, mais indispensable, avant la maîtrise de la bête. C'est par là que commence l'apprentissage de l'art équestre. La formule est assimilable à celle qui, chez nous, s'applique aux débutants : « Il n'y a que le premier pas qui coûte. » Et, retrouvant la métaphore du proverbe, nous disposons de cette expression qui s'en rapproche : « mettre le pied à l'étrier ».

84

Le cheval meurt, sa selle reste. L'homme meurt, son nom reste.

Dans toutes les civilisations, s'observe le souci de perpétuer la lignée, mais aussi celui de savoir ce que l'on va laisser dans la mémoire de ceux qui restent. Jean Cocteau a bien exprimé cette idée dans cet alexandrin balancé comme un vers de Victor Hugo : « Le vrai tombeau des morts est le cœur des vivants. » Cette idée d'une survivance est aussi exprimée par une autre image dans ce proverbe africain : « Le cabri mourra, mais sa peau continuera de chanter sur le tam-tam. »

85

Chassez le naturel, il revient au galop.

La même idée se rencontre dans d'autres proverbes moins connus : « On ne peut empêcher le chien d'aboyer ni le menteur de mentir. » Ou encore : « La brebis bêle toujours d'une même sorte » et, dans la culture russe : « L'eau n'oublie pas son chemin ». Le sens demeure identique : on ne se refait pas, les particularités que nous a données la nature finissent toujours par réapparaître. La formule, un alexandrin bien frappé, est due à un auteur dramatique du XVIIIe siècle un peu oublié, Destouches, dans sa pièce la mieux conservée, *Le Glorieux* (1732), histoire d'un personnage vaniteux. Mais La Fontaine, avant lui, avait illustré l'idée dans une jolie fable un peu méconnue, *La Chatte métamorphosée en femme* (II, 18), où la mangeuse de souris ne réussit pas à transformer sa nature car « Le vase est imbibé, l'étoffe a pris son pli ». Si un trait est profondément ancré :

> Qu'on lui ferme la porte au nez,
> Il reviendra par la fenêtre.

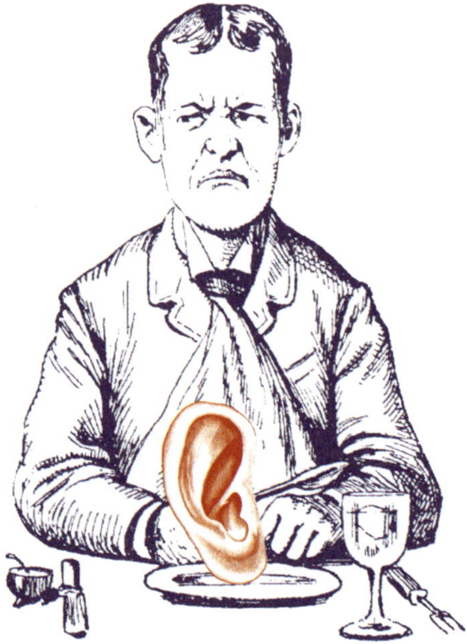

86

Ventre affamé n'a pas d'oreille.

Anatomiquement compliqué, mais sociologiquement explicable. Celui qui souffre de la faim n'est guère disposé à prêter l'oreille aux beaux discours moralisateurs. L'urgence lui impose de trouver à manger, quel que soit le moyen. Le pauvre diable famélique, partout, toujours, est aux abois, réduit aux extrémités. C'est Jean Valjean, le journalier contraint, pour nourrir les siens, de voler un pain et qui paiera ce larcin de dix-neuf ans de bagne (Victor Hugo, *Les Misérables*). Aujourd'hui encore, dans les grandes métropoles du tiers monde, la misère entraîne la délinquance. L'idée est exprimée par Caton le Censeur (IIe siècle av. J.-C.) dans un propos rapporté par Plutarque : « Il est difficile de discuter avec le ventre, car il n'a pas d'oreille. » Plus sobrement, les Irlandais disent : « Ventre vide est lourd fardeau. »

87

On creuse sa tombe avec sa fourchette.

D'autres disent que l'on creuse sa tombe « avec ses dents », ce qui revient au même. Trop manger aurait pour conséquence d'abréger la vie. Cette idée doit avoir quelque chose de vrai puisque les compagnies d'assurance, dans le cas où l'IMC (indice de masse corporelle) dépasse un certain niveau, augmentent le taux des cotisations. Autrefois, en dépit de ce proverbe, être gros était considéré comme un signe de santé et de richesse. Ce n'est plus le cas aujourd'hui où l'on est allé jusqu'à parler d'un racisme antigros. Les nutritionnistes ont compris que l'obésité obéissait à des causes complexes et pas seulement à ce que la fourchette enfournait. Ils pensent que l'on peut être bon mangeur pourvu que l'on fasse de l'exercice et que l'on prenne ses repas dans une ambiance agréable (parce que l'on digère autant avec son cœur qu'avec son estomac). Notons aussi qu'à côté de la boulimie existe l'anorexie qui conduit à se rapprocher de la tombe pour ne pas user suffisamment de la fourchette.

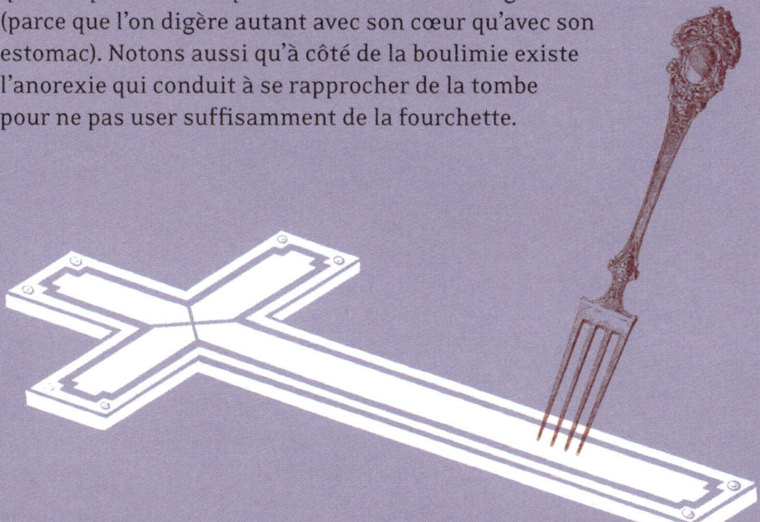

88
Il ne faut pas courir deux lièvres à la fois.

« Bien que tu aies deux jambes, tu ne peux pas monter sur deux arbres en même temps », disent les Éthiopiens. Aux Antilles et en Afrique de l'Ouest, cela donne : « Le chien a quatre pattes, mais il n'est pas capable de prendre quatre chemins. » L'idée est toujours la même : si l'on veut être efficace, il ne faut faire qu'une seule chose à la fois. Le conseil est excellent, mais... Ce qui doit être unique est l'objectif. Des activités diverses et même disparates, peuvent en réalité converger vers un même but. Il est vrai que la multiplicité des activités - plutôt de l'agitation - s'accompagne souvent de l'absence d'un projet. Elles participent de ce que Pascal appelait le divertissement, ce mot englobant des activités jugées sérieuses.

89
Celui qui s'arrête est perdu.

Ce qui en italien donne : « *Che si ferma è perduto.* » L'idée revient souvent dans les proverbes qu'il ne faut pas poser ses valises, que la vie ressemble à une promenade à bicyclette : celui qui s'arrête de pédaler tombe. En d'autres termes : « Celui qui n'enfourche pas un dada est chevauché par le diable. » Xénophon dit qu'il vaut mieux jouer aux cartes, aux dés, ou même faire le bouffon (bien que sans nul doute, il soit possible de trouver mieux) plutôt que de ne rien faire.

90
La raison du plus fort est toujours la meilleure.

La formule vient de La Fontaine qui l'a peut-être trouvée ailleurs. Elle constitue le premier vers de la fable *Le Loup et l'Agneau* (I, 10). On y voit un loup à court d'arguments croquer l'agneau avec qui il discutait :

Là-dessus au fond des forêts
Le loup l'emporte, et puis le mange
Sans autre forme de procès.

Point de vue de loup, bien sûr. Dans *Du contrat social* (I, 3), Rousseau fait remarquer que l'expression « droit du plus fort » n'a aucun sens puisque la priorité donnée à la force signifie la disparition du droit : « Supposons un moment ce prétendu droit. Je dis qu'il n'en résulte qu'un galimatias inexplicable. [...] On voit donc que ce mot de droit n'ajoute rien à la force ; il ne signifie rien du tout. »

91
Qui aime bien, châtie bien.

Le principe énoncé par ce proverbe a longtemps correspondu à une évidence. En particulier, le recours à la violence dans l'éducation des enfants allait de soi. Au départ, une nature considérée comme mauvaise et qu'il fallait redresser, d'où une éducation qui s'apparentait à un dressage. Dans les écoles, les châtiments corporels étaient admis par tout le monde. Ce n'est plus le cas aujourd'hui où un enfant ayant reçu une fessée pourra bientôt traduire ses parents devant un tribunal. En Afrique, à l'époque coloniale, les instituteurs se servaient de badines appelées « chicotes ». Certains maîtres en avaient même plusieurs auxquelles ils donnaient des noms et qu'ils choisissaient en fonction de la gravité de la faute. Une enquête auprès de nombreux instituteurs de Côte d'Ivoire portait sur les raisons qui les avaient poussés à choisir ce métier. L'un des maîtres répondit qu'il avait été tellement chicoté durant son enfance qu'il avait envie de chicoter à son tour. Ce qui va tout à fait dans le sens des thèses d'Alice Miller (*C'est pour ton bien,* Aubier, 1985). Voir aussi les livres, plus récents, d'Olivier Maurel : *La Fessée* (La Plage, 2004), *Oui, la nature humaine est bonne* (Robert Laffont, 2009).

92
La femme infidèle a des remords ; la femme fidèle des regrets.

Ce proverbe japonais nous invite à cultiver, dans notre langue, la précision lexicale : le remords est le « sentiment douloureux [...] que cause la conscience d'avoir mal agi » (dictionnaire Robert). Le regret est le « sentiment douloureux causé par la perte d'un bien » (*ibid.*). Limpide : la différence entre le passage à l'acte et l'intention.
À propos des paronymes (mots de sens voisin), cette petite histoire : « - Papa demande l'enfant, quelle est la différence entre "exciter" et "énerver" ? - Eh bien, répond le père, tu vois maman, autrefois, elle m'excitait, maintenant, elle m'énerve. »

93
Le cœur n'est pas un panier.

Un proverbe créole qui entre dans la catégorie de ceux dont le sens n'est pas, au premier regard, évident. Renseignements pris, il signifierait qu'il est difficile de savoir ce qu'un individu a dans le cœur. Pour connaître le contenu d'un panier, il suffit d'enlever le couvercle ou le morceau de tissu qui le recouvre. Mais il en va tout autrement du cœur humain. Car, selon une formule consacrée, seul Dieu est capable « de sonder les reins et les cœurs ». Il est vrai que toute la difficulté en matière de relations humaines tient au fait que nous ne savons pas ce que l'autre recèle en son for intérieur. Pas plus que nous savons vraiment ce qui s'agite en nous.

94
Tant va la cruche à l'eau qu'à la fin elle se brise.

Beaucoup de succès populaire pour cette histoire de cruche. Il est question ici de ce vase muni d'une anse et d'un bec qui servait à recueillir et verser l'eau. Rien à voir avec la personne niaise ou stupide qu'on désigne encore par ce terme. Le proverbe nous rappelle que l'usage répété augmente le risque. Cette cruche, à force de servir à rapporter de l'eau de la fontaine, finira par se casser, de même que les meilleures résolutions ne résisteront pas à la répétition, que les outils trop utilisés se détériorent et que les meilleures recettes ou stratégies, employées à l'envi, cessent d'être efficaces. La formule a été souvent détournée. Par Beaumarchais par exemple, dans *Le Mariage de Figaro,* où le prétendu sot, Bazile, complète le rusé Figaro : « Tant va la cruche à l'eau qu'à la fin... *Elle s'emplit* » (I, 11). Par Raymond Queneau, dans une perspective faussement naturaliste : « Tant va l'autruche à l'eau qu'à la fin elle se palme. » Par Alphonse Allais, exploitant les ressources de la polysémie (plusieurs sens) du mot « cruche » : « Tant va la cruche à l'eau qu'à la fin elle se case. »

95

Rien ne sert de pleurer sur le lait renversé.

Un proverbe qui évoque le temps où l'on allait chercher le lait avec un petit seau ou un pot. Pensons à la Perrette de La Fontaine dans *La Laitière et le pot au lait* (VII, 10) qui, elle, va livrer du lait. Et qui pleurera sur celui, qu'étourdie par les rêves les plus fous, elle a renversé. Ne nous lamentons pas sur un passé auquel nous ne pouvons rien. Tournons-nous vers le futur. Comme le dit la sagesse populaire : « Ce qui est fait est fait. » Cette leçon d'optimisme est empreinte de sagesse, et pourtant… Dans *La Vie de la raison,* Jorge (américanisé en George) Santayana (1863-1952) dit fort bien : « Ceux qui ne peuvent se rappeler le passé sont condamnés à le répéter. »

96
L'appétit vient en mangeant.

Il ne s'agit pas d'un sésame adressé aux anorexiques. La formule peut se prendre au sens propre (plus on mange, plus on a faim - et réciproquement) ; elle s'emploie surtout au sens figuré : quand on a commencé à prendre goût à une pratique, à un choix, à un comportement, quand on y trouve plaisir ou gratification, on a tendance à persévérer dans la même voie et surtout, passant la vitesse supérieure, à augmenter ses ambitions. Le petit escroc qui soutire discrètement, mais avec succès, de modestes sommes à ses victimes, peut être tenté d'agrandir son champ d'action pour sévir à grande échelle. Il faudra qu'il veille à « ne pas avoir les yeux plus gros que le ventre ». Sinon, c'est l'indigestion. La métaphore gastronomique se prolonge.

97
On ne fait pas d'omelette sans casser des œufs.

Plusieurs hommes politiques, dont Lénine, ont eu recours à cette formule pour faire comprendre que l'on n'avait rien sans rien et que la fin justifie les moyens. Ne nous arrêtons pas sur le fait que, dans certains cas, il y a eu beaucoup d'œufs cassés pour une omelette restée virtuelle. Nous sommes en présence du problème moral crucial de notre époque. Dans le passé, la conduite était régie par des tables de la loi venues de l'extérieur. Aujourd'hui, chacun doit se déterminer et, pour cela, mettre en balance la fin et les moyens. Admettre d'emblée qu'une fin bonne justifie le recours à des moyens mauvais est la porte ouverte à tous les dévoiements. Dans *L'Homme révolté,* Camus pose bien le problème : « La fin justifie les moyens ? Cela est possible. Mais quoi justifiera la fin ? À cette question, que la pensée historique laisse pendante, le révolté répond : les moyens. »

98

Après le crépuscule, les vers luisants pensent : « Nous avons donné la lumière au monde ! ».

Quand une entreprise échoue, personne ne se met en avant. Mais quand elle réussit, nombreux sont ceux qui arrivent et prétendent avoir joué un rôle déterminant. Cette idée est, en particulier, illustrée par une fable de La Fontaine, *Le Coche et la Mouche* (VII, 9). Le « coche » était une voiture tirée par des chevaux qui servait au transport des voyageurs. Dans la fable, six chevaux suent sang et eau pour réussir à tirer le coche jusqu'au sommet de la pente. Durant la montée, une mouche survient qui tourne autour d'eux, les harcèle et se pique de les animer. Quand la voiture atteint enfin le sommet de la côte, l'insecte vante ses efforts et prétend être payé :

> Ainsi certaines gens, faisant les empressés,
> S'introduisent dans les affaires.
> Ils font partout les nécessaires,
> Et partout importuns, devraient être chassés.

99

Les yeux de l'étranger voient plus clair.

Non parce que l'acuité visuelle est moins bonne chez nous ou les ophtalmologistes moins talentueux, plutôt parce que l'accoutumance estompe les aspérités en même temps qu'elle émousse le sens critique. Le proverbe est anglais et fait penser à l'histoire de cet ancien officier de l'armée britannique débarquant en France et pointant, avec flegme et humour, les grands et petits travers de nos concitoyens. Vers le milieu des années 1950, l'idée est devenue un livre qui a enrichi son auteur : *Les Carnets du major Thompson* de Pierre Daninos. Bien avant ce retentissant succès, Montesquieu, au siècle des Lumières, avait exploité avec génie les ressources de ce que l'on nomme « le regard neuf ». Ses Persans, faussement naïfs, s'y entendent pour montrer les absurdités et les petitesses de la vie des Français. À relire d'urgence : *Les Lettres persanes* (1721).

100
Nul n'est jamais perdu sur la route droite.

Descartes disait que si l'on se trouve perdu au milieu d'une forêt, la meilleure manière de s'en tirer est encore de marcher tout droit. On aura ainsi, selon le philosophe, plus de chances de sortir du bois que celui qui tourne en rond. Voir Dante dans la « *selva oscura* » (forêt obscure) au début de *La Divine Comédie.* Belle image, même si marcher tout droit dans une forêt ne va pas toujours de soi. Ce proverbe indien pourrait illustrer cette vérité. Pourtant, il semble qu'il faille donner un sens plus moral à l'affirmation. La route droite, c'est la voie droite, le chemin du Bien, sur lequel il n'y a pas beaucoup de monde, mais où le juste a choisi d'avancer. Le contraire du *traviamento* ou s'est égaré Dante. L'adage semble conseiller d'éviter les compromis qui, précédant les compromissions, conduisent à l'égarement. De ne pas s'inspirer de ces politiciens qui paraissent vouloir imiter Dieu, dont on dit qu'il écrit droit avec des lignes courbes.

101
Qui veut voyager loin ménage sa monture.

Le proverbe a été créé à une époque où l'on se déplaçait à cheval, comme le laisse entendre le mot « monture », appliqué à la bête qui nous transporte. Pour assurer son voyage, surtout si celui-ci doit être long, la sagesse veut que l'on accorde des soins particuliers à l'animal qui nous conduira à destination. On ne devait donc ni trop charger sa cavale, ni mégoter sur le fourrage et les temps de repos. L'époque a changé, mais la maxime reste : la « monture » désignerait aujourd'hui le vélo, la moto, la voiture, les divers moyens de locomotion qui nécessitent, eux aussi, précaution et entretien. Une automobile en bon état fera un long usage, à moins que son propriétaire, victime de la mode, n'en change prématurément. Sous sa forme exacte, ce proverbe est cité par Petit-Jean, personnage de la pièce *Les Plaideurs* de Racine (I, 1). Jouant sur la polysémie du mot « monture », l'humoriste Francis Blanche proposait une version arrangée : « Qui aime bien ses lunettes et veut aller loin, ménage sa monture. »

102

Celui qui regarde longtemps les songes devient semblable à son ombre.

Malraux choisit ce proverbe malabar (Inde) pour le placer en exergue de son roman *La Voix royale* (1930). Dans un autre de ses livres, antérieur de deux ans, *La Tentation de l'Occident,* l'épigraphe est légèrement différente : « Celui qui regarde longtemps les singes devient semblable à son ombre. » Le rapport entre la contemplation des singes et le glissement vers la transparence ne sautant pas aux yeux, on optera pour une fâcheuse coquille. Dans notre version, nous reconnaissons l'essentiel dilemme malrucien : la difficile conciliation entre l'action et le rêve. Un fragment du livre inachevé *Royaume-Farfelu,* publié également en 1930, commençait par cette phrase : « J'écris pour posséder mes songes. » L'univers onirique est trompeur et demande à être dépassé ; à trop contempler ses rêves, on renonce à l'action pour s'enfermer dans l'illusion. Les Chinois disent les choses autrement : « C'est dormir toute sa vie que de croire à ses rêves. »

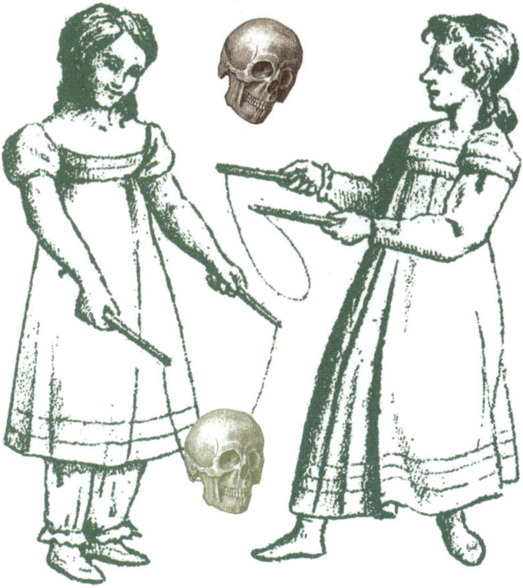

103
Un jour de loisir est un jour d'immortalité.

Lassés de voir vanter les mérites du travail et pourfendre les vices de l'oisiveté ? Remercions les Chinois, réputés travailleurs infatigables, de nous envoyer cet éloge inattendu de l'inactivité. Quittant leurs pioches et leurs marteaux, nos cousins asiatiques nous expliquent que ne rien faire nous rapproche de la sublime éternité et, implicitement, qu'on perd sa vie à vouloir la gagner. Sans doute parce que la suspension des tâches serviles libère l'esprit et ouvre à la méditation. Un proverbe anglais le confirme : « Loisir est de philosophie. » Et les sages grecs ou latins, à qui nous devons tant, célébraient déjà les vertus de l'*otium*.

104
La plus belle ruse du diable est de nous persuader qu'il n'existe pas.

Baudelaire aimait bien ce proverbe qu'il met dans la bouche d'un ecclésiastique soucieux de prévenir ses fidèles (« Le Joueur généreux » dans *Le Spleen de Paris*). On pourrait l'appliquer aux idéologies, dont tout le monde prédit à satiété la fin prochaine. Or nous n'avons vécu que la fin des idéologies explicitées et enseignées comme telles (avec donc des cours d'idéologie) : le nazisme et le communisme. L'idéologie libérale, elle, n'a jamais été aussi vivace. Seulement, elle fonctionne comme si elle voulait nous persuader qu'elle n'existe pas ou en tout cas comme si elle était naturelle. Les médias, du matin au soir, par mille moyens, nous amènent à en intérioriser les présupposés. Nous baignons dedans, mais la dernière chose dont prendrait conscience un poisson, c'est l'eau. Il est bon de ne pas ressembler à ce poisson car, comme le dit un proverbe anglo-saxon : « Mieux vaut un diable que l'on connaît qu'un diable dont on ne sait rien. »

105
Un de perdu, dix de retrouvés.

Une grande série de proverbes nous encouragent à nous consoler d'une perte, à faire, comme le dit l'un d'entre eux « contre mauvaise fortune bon cœur ». Ce qu'illustre la courte fable de La Fontaine *Le Renard et les Raisins* (III, 11) où l'on voit le « galant » juger les raisins « trop verts » et juste « bons pour les goujats », dans la mesure où il ne peut les attraper. Son échec prépare toutefois d'autres possibles réussites, supérieures en prestige et en quantité. Dans le rapport de 1 à 10, suggère le dicton qui oublie que « Quand on aime, on ne compte pas ». La phrase est souvent proposée aux amoureux délaissés à qui sont promises des revanches flatteuses. Piètre consolation : il est à parier que l'intéressé(e) préfère son unique (connu mais perdu) au multiple (virtuel et inconnu). Mais il faut bien survivre. Un proverbe créole assez proche y invite métaphoriquement : « Ce que tu perds dans le feu, tu le retrouveras dans les cendres. » La phrase mérite débat.

106
Ce sont les souliers les plus fins qui font les plus gros cors au pied.

Le Savoyard, inventeur de ce proverbe, a besoin de bonnes chaussures pour gravir les montagnes où il habite. Il sait que, pour marcher, le confort l'emporte sur l'élégance. En matière de souliers, la coquetterie conduirait au supplice. Des escarpins raffinés meurtrissent le pied quand de bons gros godillots le maintiennent à l'aise. Il faut évidemment dépasser ce premier sens et comprendre que l'apparence brillante aboutit souvent à la souffrance obscure. Et, au-delà, que la richesse (qui permet de s'offrir « les souliers les plus fins ») engendre les plus cruelles blessures (« gros cors au pied »). Moralité : gardez vos vieilles chaussures et restez pauvre. Sage, le Savoyard, mais dépourvu d'ambition.

107
Le cordonnier est toujours le plus mal chaussé.

Pourquoi emploie-t-on cette formule et tant de proverbes allant dans le même sens ? « Chez le potier, on sert de l'eau dans un pot ébréché », disent les Arabes. Au Rwanda, le sort du potier est encore pire : « Le potier mange dans un tesson… » En Chine, « Le marchand d'éventails s'évente avec la main ». Une telle permanence incite à penser que cette conjonction de points de vue identiques souligne un trait fondamental de la nature humaine. Mais lequel ? La question se pose d'autant plus que de nombreux proverbes nous incitent à penser à nous-même avant de penser aux autres. Il semble que l'on puisse comprendre ainsi : le cordonnier, vivant toujours au milieu des chaussures, finit par ne plus y faire attention. La phrase est souvent utilisée quand les résultats que l'on constate sont tout à l'opposé de ce que l'on serait en droit d'attendre.

108
Il vaut mieux laisser son enfant morveux que de lui arracher le nez.

Autre façon, plus pittoresque, de rappeler que « Le mieux est l'ennemi du bien ». Vouloir empêcher le nez de couler par une intervention musclée peut rendre l'enfant infirme. Pour corriger un petit défaut, on provoque une catastrophe. Il est donc parfois préférable de laisser les choses en l'état, d'accepter une imperfection plutôt que de gâter l'ensemble en voulant l'améliorer. Ou encore : sachons souffrir un petit mal pour nous en épargner un grand. Le poète allemand Goethe le disait dans une élégante métaphore : « Si l'éclat des étoiles doublait, l'univers serait à jamais ténébreux. »

109
Celui qui veut moucher autrui doit avoir les doigts propres.

Les Italiens expriment ce conseil d'une autre façon : « Celui qui monte au mât doit avoir le cul propre. » L'idée est qu'avant de vouloir se mêler de donner des bons conseils, il est nécessaire de donner de bons exemples. Mais, comme l'a dit un moraliste, les vieilles personnes distribuent souvent de bons conseils pour se consoler de ne plus pouvoir offrir de mauvais exemples. Cette nécessité d'être cohérent, qui paraît aller de soi, est souvent oubliée. Regardons autour de nous. Pensons à monsieur..., à madame..., à... « Qui se sent morveux, se mouche. »

110
On est reçu selon l'habit, reconduit selon l'esprit.

Beau proverbe russe. Est-ce tout à fait vrai ? Que l'on juge trop vite sur la mine et sur la vêture, est une vérité admise. Mais que l'on reconduise toujours selon l'esprit laisse à penser. En effet, quand l'habit correspond à un pouvoir, il faut bien respecter les formes, même quand on reconduit la personne. Distinguons, avec Pascal, les « grandeurs d'établissement » (qui tiennent au rang dans la société) et les « grandeurs naturelles » (qui se rapportent au mérite). Je peux vous reconduire selon votre habit, mais je garde pour moi ce que je pense de votre esprit.

111
Partage ta lumière avec les autres si tu veux la garder brillante.

Les auteurs avouent avec confusion ignorer l'origine géographique de ce proverbe et s'en remettent à la culture de leurs lecteurs pour rattraper cette défaillance. On le verrait bien venir d'Asie, Chine ou Japon, en raison de sa formulation poétique. Quant au sens, il est universel et accessible : le savoir solitaire est menacé de sclérose. Les connaissances que l'on possède (la « lumière », comme celle d'un siècle qui s'est fait appeler « des Lumières ») ne conservent leur éclat que si elles sont partagées ou communiquées. L'érudit replié sur sa science est inutile au monde. Le savant pédagogue, lui, rayonne durablement. Belle maxime qu'on appliquerait à tous ceux dont le métier consiste à dispenser le savoir, à distribuer la connaissance, à diffuser « la lumière », ces « grands intercesseurs » dont parle Saint-John Perse dans un beau poème de *Pluies*. Pas très éloigné : « La bougie ne perd rien de sa lumière à la communiquer ».

112
Le soleil rougit quand il se couche parce qu'il a honte de ce qu'il a vu.

Les proverbes donnent souvent un conseil, mais il leur arrive aussi d'être simplement un constat sur tel ou tel aspect de la vie. Constat qui vaut surtout pour sa forme imagée, comme c'est le cas pour celui-ci, rencontré notamment dans la culture arménienne. La vision du monde proposée est pessimiste, mais pas autant que celle de cette association qui s'est fixé pour objectif de faire disparaître l'humanité de la planète. Il faut faire sa part à l'humour dans ce jugement et au caractère unilatéral propre au proverbe. On pourrait en effet remarquer que le soleil pourrait aussi rougir de plaisir au spectacle de la générosité, du dévouement, de l'amour dans le sens le plus large du terme dont il a pu être le témoin au cours de son périple.

113

Quand le diable fut vieux, il se fit ermite.

Nous citons la phrase au passé simple, temps rarement employé dans les proverbes, mais elle existe aussi au présent. Nouvelle apparition du diable qui représente ici la part noire de chacun, le vice, la débauche, la transgression, les plaisirs défendus que le surmoi corrige. Satan s'accorde à l'insouciance blasphématoire de la jeunesse, moment du libertinage et de la vie dissolue. Mais la jeunesse n'a qu'un temps. En vieillissant, le diable se range, découvre la piété, renie ses fautes et se met à prier. C'est le sens de ce proverbe que commente ironiquement Léon Bloy : « La vieillesse du diable est une des belles inventions du bourgeois. » Nous possédons des exemples de conversion tardive : Pascal commença par être un jeune homme frivole avant de découvrir le mysticisme – mais il ne devint jamais vieux puisqu'il mourut à trente-neuf ans. Le véritable Don Juan, nommé Tenorio, aurait, après une vie de séducteur, fini sa vie en dévotion. Nous connaissons toutefois des diables qui, vieillards chenus, le sont restés.

114

Tout est amer à qui a du fiel dans la bouche.

On en rencontre des personnes de ce genre. Elles n'ont à la bouche que le mot « décadence », ne voient autour d'elles que des êtres méprisables. On a envie de leur dire que les tristes couleurs du monde qu'elles dépeignent ne sont que celles des lunettes qu'elles ont chaussées. L'amertume de leur propos ne relève que de l'amertume de leur tempérament. Qu'on relise à ce sujet la nouvelle de Baudelaire « Le Mauvais Vitrier » (*Petits Poèmes en prose*). On ne peut leur opposer que deux choses. Tout d'abord qu'il est tout à fait impossible à celui qui vit dans une société donnée de savoir si elle est décadente ou non. Il faut, pour en juger, le recul du temps. Par ailleurs, il suffit de regarder autour de soi pour constater que, à côté de la foule des médiocres - qui sont de tout temps -, se manifestent, dans tous les domaines des talents authentiques. Retenons surtout ce magnifique aphorisme de Nietzsche (*Humain, trop humain,* II, n° 348) : « L'augmentation de la sagesse se laisse mesurer exactement d'après la diminution du fiel. »

115
Le bélier qui va foncer, commence par reculer.

La leçon qui se dégage de ce proverbe baoulé (Afrique de l'Ouest) est qu'en matière d'action, il faut prendre son temps, éviter la précipitation. La ligne droite n'est pas toujours le chemin le plus efficace. Si nécessaire, il peut être utile de reculer pour mieux sauter. Ce conseil se rapporte sans doute aux stratégies à mettre en œuvre dans le cours d'une négociation. Il peut être bon de céder du terrain pour mieux le reconquérir. On a pu dire de Dieu qu'il écrivait droit avec des lignes courbes. Cela constitue une bonne définition de l'art de négocier.

116
Qui se fait brebis, le loup le mange.

Se dit encore : « Faites-vous brebis, le loup vous mangera. » La brebis, pour la pensée populaire, est la représentation de la faiblesse, de la soumission. Elle se confond avec l'agneau de la fable célèbre de La Fontaine (*Le Loup et l'Agneau,* I, 10), victime de son manque de fermeté face au loup décidé à le croquer. Montrer une trop grande bonté, une trop grande gentillesse vous rend vulnérable et offert aux prédateurs. Pour résister au loup, mieux vaut se faire loup soi-même. Et, pour revenir à nos brebis : « Brebis comptées, le loup les mange » (les meilleures précautions ne préservent pas du malheur).

117

La caque sent toujours le hareng.

Le mot « caque », venu du néerlandais, désigne une barrique servant à entreposer des harengs salés ou fumés. Du poisson ainsi préparé se dégage une forte odeur qui reste irrémédiablement attachée au récipient. Ce proverbe est souvent pris en mauvaise part pour signifier que la bassesse de l'origine finit toujours par ressortir d'une façon ou d'une autre. Sans doute parce que le mot « caque », dans le sens évoqué, est un terme technique et peu connu, on entend parfois : « La cale sent toujours le hareng. » Le dicton s'est appliqué avec malveillance à la marquise de Pompadour, favorite de Louis XV, roturière dont le nom de naissance était... Jeanne Antoinette Poisson.

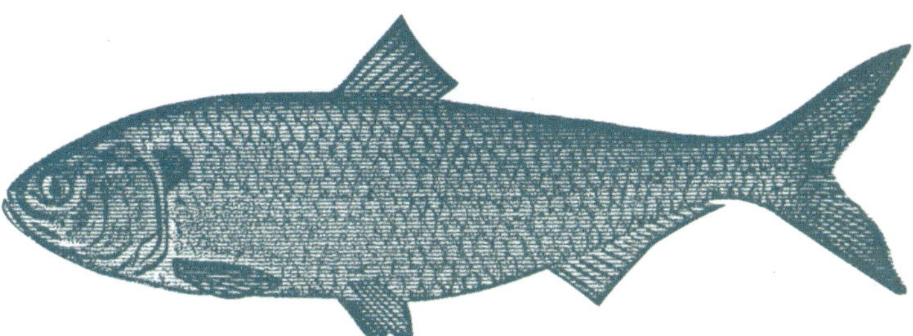

118

Il est difficile d'attraper un chat noir dans une pièce sombre, surtout s'il n'y est pas.

Le sens des proverbes, dans la majorité des cas, est évident. Il leur arrive même d'exprimer des points de vue un peu élémentaires. Mais il en est qui restent relativement ouverts quant à l'interprétation, voire, dans certains cas, carrément énigmatiques. Il en va ainsi de ce proverbe chinois qui frise l'absurde. Il semble pouvoir être utilisé à propos de discussions oiseuses sur un problème qui n'existe pas ou qui se caractérise par son insignifiance. Une façon de dire que l'on perd son temps et qu'il y a sans doute mieux à faire.

119

Un oiseau dans la main vaut mieux que dix qui volent.

Nous sommes en présence d'une manière imagée - venant du Québec - de dire ce que les Français expriment plus abstraitement : « Un bon tiens vaut mieux que deux tu l'auras ». D'autres proverbes vont dans le sens de cette prudence. Cela n'empêche pas l'être humain de se caractériser par la recherche du mieux, parce que « L'espoir fait vivre ». Si la civilisation avance, c'est bien parce que l'une des forces de l'humanité tient à cette « perfectibilité » dont parlaient Jean-Jacques Rousseau et Condorcet.

120

Mieux vaut allumer une chandelle que maudire les ténèbres.

Les jérémiades sur la vie, sur le sort, sur la malchance sont du temps perdu car aucune parole n'a le pouvoir de résoudre les problèmes imposés par la Providence. Face à l'adversité ou à une simple difficulté de réalisation, il est plus sage de chercher des solutions modestes en soi-même. La flamme, même faible et vacillante, obtenue par la chandelle de l'effort fournira une salutaire lumière. Ce proverbe est chinois. Cet autre, italien, semble le rejoindre : « Les malédictions comme les processions reviennent à leur point de départ. »

121
La jeunesse a un joli visage, l'âge une belle âme.

Ce proverbe pour consoler les lecteurs vieillissants. Il vient de Suède où, comme ailleurs en Europe, les seniors croissent en nombre sans vouloir admettre le poids des ans. L'argument le plus fréquent est celui qui est ici employé : l'âge, apportant de l'expérience, ennoblit le vieillard. Alors que le jeune homme ou la jeune fille doivent se contenter de la « beauté du diable » qui passera au premier printemps. « Si jeunesse savait », dit-on parfois pour souligner les faiblesses de l'adolescence ; « si vieillesse pouvait », répondent les plus cruels. L'opposition entre jeunes et vieux se double ici d'une autre distinction entre apparence flatteuse (le visage) et richesse intérieure (la belle âme). Dans « Booz endormi » (*La Légende des siècles*), Hugo a donné à ce thème une inaltérable vigueur poétique :

> Car le jeune homme est beau, mais le vieillard est grand
> Et l'on voit de la flamme aux yeux des jeunes gens,
> Mais dans l'œil du vieillard on voit de la lumière.

122

Dix-huit filles divinement belles ne valent pas un seul fils bossu.

Nous pardonnerons l'injustice d'un tel proverbe dans la mesure où il nous vient d'un pays, la Chine, où, pour des raisons démographiques, les garçons sont préférés aux filles. Toutefois, au moment où il a été inventé, l'Empire du Milieu n'en était pas à vouloir contrôler les naissances. Dans son exagération choquante, il rappelle cette loi d'autrefois suivant laquelle les enfants mâles pouvaient seuls assurer la survie de la famille. Alors que les filles n'apportaient que des soucis : il fallait surveiller leur vertu, leur trouver un mari, leur fournir une dot - avant de voir les ingrates quitter la maison. Le garçon, lui, saurait manier les outils ou les armes et relayer le père au moment de sa vieillesse. Les Kurdes disent, dans le même esprit : « Un fils peut devenir prince ; une fille deviendra mère. » La littérature, le cinéma et même la vie nous ont appris à relativiser cette prétendue vérité : une fille peut épouser un prince. Et un fils, bossu ou pas, peut devenir voyou. Le chiffre dix-huit renvoie probablement au nombre des disciples de Bouddha.

123
Cœur séduit, corps esclave.

Nous avouons nourrir une affection particulière pour ces proverbes denses, elliptiques, économes, juxtaposant quelques mots choisis et symétriques afin d'exprimer une idée profonde. Celui-ci, venu d'Afrique noire, contient, dans sa concision, une mise en garde à propos du ravage des passions, essentiellement de la passion amoureuse. Rappelant la fameuse dialectique entre cœur et raison formulée en son temps par Pascal (« Le cœur a ses raisons, que la raison ne connaît point »), il oppose, cette fois, cœur et corps : le premier, touché par le sentiment, succombe au charme ; le second, saisi par l'instinct, accepte les chaînes. D'un côté, une aimable dilection, de l'autre, la prison du sexe. Sublime.

124
Quand le cœur est chaud, on n'a pas froid au corps.

C'est ce que disent les Russes, habitants d'un pays où le thermomètre descend souvent bien en dessous de zéro. L'expression est figurée, cela va de soi. Elle souligne bien les rapports extraordinaires qui peuvent s'observer entre le psychique et le physique. L'enthousiasme et l'amour - qui est une forme d'enthousiasme - font oublier la fatigue, la souffrance et toute sorte de froids. À l'opposé, il serait possible de dire que lorsque le cœur est froid, tout apparaît de même. Le bonheur est un état qui ne tient pas aux choses, les cas extrêmes exceptés.

125
Jolie fille sans habits, plus d'amoureux que de maris.

Ce proverbe date puisqu'il renvoie implicitement à l'usage, aujourd'hui abandonné mais jadis très vivace, de l'obligation de doter les filles pour les marier. On se souvient de la joie d'Harpagon à l'idée de trouver un mari qui accepterait sa fille Élise « sans dot » (Molière, *L'Avare,* I, 5). Les « habits » dont ne dispose pas la « jolie fille » du proverbe représentent cette dot absente qui l'empêchera de prendre époux. Les charmes naturels de la belle lui procureront de nombreux soupirants (les « amoureux »), mais éloigneront les partis sérieux qui attendent du mariage qu'il améliore leur situation. Attention au contresens : le proverbe n'imaginait pas la jolie célibataire attirant les galants par sa quasi-nudité... Peu d'érotisme dans les proverbes !

126
La promesse a des jambes ; seul le don a des mains.

Curieux proverbe allemand, pas très clair, et qui réunit deux notions souvent traitées par les proverbes, la promesse et le don. La première est souvent tenue en suspicion car rarement suivie d'effet. Il est dangereux de lui apporter trop de crédit, car elle ne coûte guère au prometteur. « Qui tout promet, rien ne promet », dit un proverbe français. Les « jambes » de la formule peuvent signifier que la promesse s'échappe, s'enfuit, se dérobe. Le don, en revanche, est concret, tangible, mesurable. S'il a des « mains », c'est pour passer à l'action, remettre véritablement la chose donnée. « Promettre et tenir sont deux », dit-on encore, et Vauvenargues, sur ce sujet, proposait une belle et cruelle maxime : « On promet beaucoup pour se dispenser de donner peu. »

127
Les bons comptes font les bons amis.

Un autre proverbe suffit pour expliquer celui-ci : « Les dettes sont les ciseaux de l'amitié. » L'idée, confirmée par l'expérience, va à l'encontre de ce que dit Aristote dans le cas de l'« amitié parfaite ». Pour cette espèce rare d'amitié, il n'y a pas de tien et de mien. On partage les joies, les peines, les biens. Quand il existe une inégalité, celui qui est favorisé tend à la réduire. Les amitiés, quand elles reposent sur le plaisir ou l'utilité, ne durent que ce que peuvent durer les avantages s'y rattachant. Mais l'amitié parfaite est au-delà des calculs. Il serait tentant de dire à son propos que les bonnes amitiés font les bons comptes, mais, à y regarder de près, elles ne font pas compte du tout.

128
Ami au prêter, ennemi au rendre.

On dit encore, de façon plus gaillarde : « Au prêter cousin, au rendre fils de putain. » Quand il s'agit d'emprunter de l'argent, le quémandeur entoure de flatteries et de marques d'amitié le prêteur potentiel. Au moment de restituer la somme, le généreux donateur est ignoré, voire détesté. Autre façon de dire : prêter à des amis est une bonne façon ou de ne jamais récupérer son bien, ou de se fâcher avec eux. Parfois les deux. Ce qu'exprime un autre proverbe : « Qui prête à l'ami perd au double. » Se disait encore autrefois : « Prêter argent fait perdre la mémoire. » On aurait plutôt attendu « emprunter de l'argent ». Il est vrai que le verbe « prêter » et le substantif « prêt » s'emploient dans deux sens opposés : prélever quelque chose ou l'octroyer provisoirement. Même ambiguïté pour le verbe « louer » et son dérivé « location », ainsi que pour « sentir ». Curiosité sémantique.

129

L'exception confirme la règle.

Formule simple et limpide, commode pour justifier les infractions à une ligne de conduite, à une habitude ou, plus encore, à une loi. Elle doit nous inviter à réfléchir à l'intangibilité des règlements, quelle qu'en soit la nature. En grammaire, par exemple, il n'est pas une règle qui ne souffre son (ses) exception(s) : tous les mots en *ap-* prennent deux *p,* sauf… ; tous les mots terminés en *-ou* prennent un *s* au pluriel, sauf… Les sadiques de la dictée trouvent dans ces subtilités une suprême délectation. Quant à la loi positive, elle est, en principe, absolue ; mais des petits malins savent toujours comment la contourner, sans parler de ceux qui se placent délibérément au-dessus d'elle. Un adage anglais du XIIIe siècle disait : « *Covent ley veynt* » (« Convenances rompent loi »). La porte ouverte à tous les abus. Pour faire discret, on parle parfois de « dérogation », terme qui a beaucoup servi sous l'Ancien Régime et nous ramène aux temps bénis des privilèges.

130
Ne jugez pas les autres à votre aune.

L'aune était une mesure, correspondant à un peu plus d'un mètre, qui était surtout utilisée par les marchands de tissu, les drapiers. La longueur exacte variait selon les régions. Un édit royal essaya de la fixer à environ 119 de nos centimètres. Cette mesure disparut par l'instauration du système métrique (1795). Le mot subsiste dans l'expression « à l'aune de ». « Seigneur, ne jugez pas de mon cœur par le vôtre », dit Junie à Britannicus dans la pièce de Racine *Britannicus* (V, 1). L'erreur, dans le domaine des relations humaines, tient souvent à cette tendance qui nous pousse à imaginer que les autres fonctionnent comme nous. Ainsi, une personne honnête et généreuse suppose que son interlocuteur est fait sur le même modèle qu'elle. Quand elle a affaire à une canaille, de ce fait, elle se laisse facilement rouler dans la farine. La canaille, imaginant les autres à sa ressemblance, a moins de chance d'être trompée.

131
Pour un ami, sept verstes ne font pas un détour.

La verste est une mesure russe (1 066,8 mètres, soit un peu plus d'un kilomètre). Ce proverbe russe exprime d'une manière concrète que la vraie amitié ne calcule pas. L'ami est celui sur qui je peux compter, car il négligera ses propres intérêts pour se préoccuper des miens. On a même pu dire que l'important dans l'amitié n'est pas le service rendu mais la certitude qu'on a qu'il le sera au besoin. Il n'y a pas de tien et de mien dans l'amitié, écrivait déjà Aristote il y a plus de deux mille ans.

132

Les mots non prononcés sont les fleurs du silence.

On reproche parfois aux proverbes d'être grossiers ou du moins inélégants. Celui-ci échappe à cette critique grâce à sa valeur poétique liée à son rythme (un alexandrin parfait) et à la délicate métaphore des fleurs. Il est vrai qu'il vient du Japon, pays du raffinement et de la retenue. Il vante un art oriental que l'on aurait souvent intérêt à pratiquer chez nous : se taire. Ne pas répondre à l'invective, dominer sa colère, maîtriser sa volubilité, censurer sa verve : voilà le secret d'une certaine sagesse. La culture arabe le dit avec une autre image : « L'arbre du silence porte les fruits de la paix. » Et un sage chinois, six siècles avant notre ère, recommandait la même réserve : « Le silence est un ami qui ne trahit jamais » (Confucius). Il nous reste le très brutal : « Trop parler nuit. »

133

La louange et le chou ont bon goût, mais ils gonflent.

Ce proverbe ne prend sens que si l'on aime le chou, ce qui est probablement le cas en Pologne d'où il nous vient. Il veut stigmatiser, au moyen d'une comparaison familière, les vaniteux, trop sensibles aux propos flatteurs. Un excès d'éloges peut donner, comme on dit en langage sportif, « la grosse tête ». Le loué a souvent « la tête qui enfle ». Les métaphores sont proches mais font l'économie du détour par le chou, dont on ne sait s'il prédispose à des ennuis gastriques. Il faudrait, sur ce point, consulter des spécialistes. En tout cas, le parallèle, liant le concret à l'abstrait, est amusant. Le défaut dénoncé l'est moins et a suscité l'ire des moralistes, à commencer par La Fontaine dans sa fable *Simonide préservé par les dieux* (I, 14) où l'on voit le poète grec louer un athlète fort ingrat, ce qui fait dire au fabuliste :

> La louange chatouille et gagne les esprits,
> Les faveurs d'une belle ont souvent plus de prix.

Quant à La Rochefoucauld, intarissable sur le sujet, il rappelle : « On ne loue que pour être loué. » Il connaissait peut-être cet autre proverbe : « Qui se loue s'emboue. »

134
Il faut faire feu qui dure.

En souvenir d'une époque où la journée commençait par la corvée du feu et du bois. Ce proverbe, à coloration rurale, nous incite à la prévoyance : il est facile, en se donnant les moyens, de constituer un foyer ardent qui donnera une salutaire chaleur pendant quelques minutes. Mais si l'on y passe tout son bois, la soirée risque d'être fraîche. Un feu durera non à cause de sa vivacité, mais en raison de l'aptitude à le maintenir actif. On sait que les « feux de paille », au propre comme au figuré, n'ont pas la vie longue. Le feu symbolisant la vie, il s'agit donc de ménager le futur, de penser aux lendemains, de ne pas brûler en une seule fois l'ensemble de ses réserves. Pythagore exprimait l'idée de façon à peine différente : « Ne mets pas au feu le fagot entier. » Et le proverbe, avec quelques autres, est placé dans la bouche de Petit-Jean dans *Les Plaideurs* de Racine :

> Qui veut voyager loin ménage sa monture.
> Buvez, mangez, dormez, et faisons feu qui dure. (I, 1)

135

Il est dans un petit feu celui qui peut dire comment il brûle.

Tout est parti d'un vers du poète italien Pétrarque (1304-1374) repris par Montaigne dans les *Essais* (I, 2) : « *Chi puo dir' com' egli arde é in picciol fuoco* », traduit ainsi en note : « Feu qu'on peut dire est un bien petit feu. » L'amour est un emportement de tout l'être qui ne permet pas l'analyse, le calcul. On admire la personne qu'on aime, on ne l'examine pas. Chamfort s'arrête à deux reprises sur ce point. Au début du chapitre 6 de ses *Maximes, pensées,* caractères (347) : « En fait de sentiments, ce qui peut être évalué n'a pas de valeur. » Et au chapitre 9 (950) : « Mme de C... disait à M. B... : "J'aime en vous... - Ah, madame ! dit-il avec feu : si vous savez quoi, je suis perdu..." » Mélanie, une théâtreuse, maîtresse de Stendhal, lui dit un jour qu'il ne parlerait pas dans ses lettres comme il le fait de son malheur s'il était vraiment malheureux. Elle avait déjà compris que la mélancolie est le malheur des gens heureux.

136
Au long aller, la lime mange le fer.

Autre vertu souvent louée par les proverbes : la patience. Celui-ci peut parler au prisonnier acharné à scier les barreaux de sa cellule. Une minuscule lime lui a été glissée dans une miche de pain ; toutes les nuits, pendant des semaines, il entame, millimètre par millimètre, l'acier qui le tient captif. La liberté sera sa récompense. Les Africains le disent autrement : « Au bout de la patience, il y a le ciel. » Référence attendue : La Fontaine et la fable *Le Lion et le Rat* (II, 11) dont le distique de conclusion est devenu proverbe :

Patience et longueur de temps
Font plus que force ni que rage.

137
L'homme porte son sort attaché à son cou.

L'idée exprimée par ce proverbe issu du monde arabe est simple. L'homme n'est pas libre. « Mektoub » est le mot que les Arabes utilisent pour désigner le destin qui veut que tout ce qui nous concerne soit, au moment de notre naissance, écrit quelque part. Notre vie n'est que le déroulement de ce qui a déjà été décidé par Dieu, Allah en l'occurrence. On appelle ce point de vue le fatalisme, en relation avec le *fatum* des Latins qui correspond au « mektoub » arabe. Mais si tout est écrit, l'homme n'est pas libre, donc non responsable et, partant, non punissable. Ce qui donnerait une société impossible à gérer. Les théologiens de toutes les religions ont donc trouvé des arguments pour concilier les inconciliables et faire aller de pair la toute-puissance de Dieu et la liberté des individus.

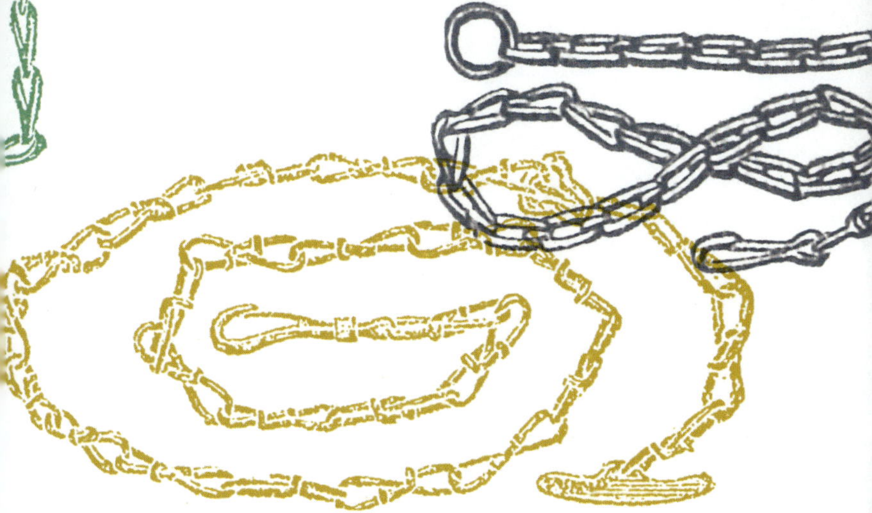

138

Si vous ressentez vos chaînes, vous êtes déjà à moitié libre.

Du point de vue politique, il est possible d'être plus ou moins libre. Mais cela ne vaut pas pour la situation de l'homme dans l'univers, c'est-à-dire quand le problème est envisagé sous l'angle de la métaphysique. Dans ce cas, ou bien l'homme est libre ou bien il ne l'est pas. Toutes les ratiocinations des théologiens ne peuvent rien y changer. Deux grands philosophes ont eu le courage d'admettre que l'homme n'échappe pas au déterminisme, Spinoza (1632-1677) et Schopenhauer (1788-1860). Pour l'un comme pour l'autre, une telle lucidité – paradoxalement, une libération – permet un bonheur plus grand. Ce proverbe anglais peut aussi être envisagé dans une perspective sociale. Prendre conscience de son aliénation est le premier pas pour, à terme, s'en libérer.

139
Ce ne sont pas les livres qui font les sages.

Proverbe allemand qui a des équivalents dans de nombreux pays. On a souvent critiqué le pédant qui, ayant beaucoup lu, a beaucoup retenu. Et qui ennuie par sa propension à étaler sa connaissance. « L'âne chargé de livres se croit savant. » Il faudrait nuancer en disant que ce n'est pas non plus l'absence de livres qui fait le sage, même si la tradition orale a ses mérites. La sagesse vient du contact avec autrui et le livre permet de converser avec les meilleurs esprits de tout temps et de tout lieu. Bien sûr, il y a lire et lire. La lecture de pur divertissement nous fait oublier la vie et la grande littérature nous y ramène. « Lire, c'est vivre », disait Flaubert.

140
On commence à vieillir quand on a fini d'apprendre.

Ce proverbe rejoint la réflexion d'un ami : « Un *has been,* c'est quelqu'un qui n'écoute plus. » Ce qui, au passage, montre que l'on peut être hors circuit sans pour autant être avancé en âge. Le propre de l'être humain est d'être un projet. Notre futur compte autant sinon plus que notre passé. Être en projet implique que l'on soit en recherche et donc toujours prêt à s'enrichir d'une expérience nouvelle. Celui qui se contente de se retourner vers le passé est vite changé en statue de sel. Le cerveau, comme les muscles, dont le cœur, a besoin d'exercice et, pour lui, il n'en est pas d'autre que d'observer et réfléchir, ce qui s'appelle apprendre.

141
Un ennemi intelligent vaut mieux qu'un ami sot.

On ne sait si ce proverbe africain veut faire l'éloge de l'ennemi ou la critique de l'ami. Sans doute un peu les deux. Dans la tradition proverbiale, l'ennemi, figure récurrente, est craint, détesté, combattu mais finalement respecté car reconnu dans son rôle. Son existence est un gage de légitimité, comme le dit une sentence latine du Ier siècle avant notre ère : « Qui n'a point d'ennemi est fort à plaindre. » On sait qu'on doit s'attendre de sa part à des attaques sans merci, mais on s'y prépare. En cas de victoire, on le traitera avec dignité. Car est attendue de lui la réciproque, ce qui suppose une connaissance des codes et un rayonnement intellectuel. Son « intelligence » me garantit la loyauté du combat. La sottise, elle, désorganise le conflit et engendre de graves déconvenues. Elle est « ingérable », comme on dit aujourd'hui, même quand elle provient de ceux qui nous sont proches. Un mot historique que le maréchal de Villars, chef de guerre de Louis XIV, l'empruntant aux anciens, aurait prononcé face aux Anglais, va dans le même sens : « Dieu me garde de mes amis : mes ennemis, je m'en charge. »

142
La bonne marchandise n'a pas besoin d'être vantée.

On parlait autrefois de la « réclame » devenue aujourd'hui la « publicité » ou la « pub ». Son importance grandissante pourrait inciter à penser que la marchandise qui nous est proposée n'est pas de bonne qualité puisqu'elle est intensément vantée. Deux faits se dégagent cependant qui vont bien dans le sens de cet adage. Une publicité, même insistante, ne peut faire vendre longtemps de mauvais articles. Par ailleurs, on voit des produits, sans doute à cause de leur qualité, faire leur chemin sans avoir besoin d'être soutenus par les trompettes de la promotion. Il n'en reste pas moins vrai qu'une bonne marchandise ne perd rien à être vantée. On ne peut dire avec les Tchèques, sans y apporter une nuance : « Le bon article se loue lui-même. »

143
À bon vin, point d'enseigne.

L'enseigne était le panonceau qui servait à identifier une taverne ou une boutique. L'idée est que si le vin est bon, les chalands sauront trouver le chemin qui mène au marchand. Un très bon restaurant peut ne pas être situé dans un lieu très passant, les connaisseurs, sans même qu'il soit nécessaire de faire de la publicité, se débrouilleront pour le trouver. Sans enseigne ni GPS. Pour ce qui est de la publicité, il semble admis qu'elle ne peut pas faire acheter longtemps un produit dont la mauvaise qualité est avérée. Les Québécois disent : « Grosse annonce. Petit magasin. »

144

On ne peut avoir le tonneau plein et une femme ivre.

Ce proverbe vient d'Italie où il ne semble pas qu'on boive plus qu'ailleurs, surtout au féminin. Il séduit par sa forme, par la paillardise de la comparaison, par le rapprochement, peu obligeant pour nos compagnes, entre le « tonneau » et la « femme ». Mais que veut-il signifier ? Que les dépenses occasionnées par l'épouse vident la bourse précieusement remplie par le mari ? Ou plutôt qu'on ne peut, en même temps, remplir les placards et dilapider son bien. En somme, qu'on ne gagne pas sur les deux tableaux. Ce qui nous renvoie au très banal : « On ne peut avoir le beurre et l'argent du beurre. » Beaucoup moins pittoresque. Même si on rajoute « le sourire de la crémière ».

145
Pauvreté n'est pas vice.

Vous êtes pauvre ? Eh bien, restez-le. Vous n'avez aucune honte à avoir de votre état. Plutôt une certaine fierté : celle de ne pas vous être enrichi malhonnêtement. Si en plus de la misère, le pauvre devait subir l'infamie, ce serait à désespérer de la justice universelle. L'Évangile, avec l'histoire du chameau et du chas de l'aiguille (Matthieu, XIX, 24), veut nous convaincre de l'inversion des hiérarchies sociales. Le pauvre, figure christique du dépouillement, accède alors à une dignité sublime. Tel Job. Ou le mendiant de Victor Hugo, « Tendant les mains pour l'homme et les joignant pour Dieu » (*Les Contemplations*, V, 9). Confirmation dans le Livre des Proverbes : « Qui méprise le pauvre injurie le Créateur. » (XVII, 5) En attendant, respecté et honoré, le pauvre crève de faim, comme s'en étonne, ironique, le Dom Juan de Molière : « Un homme qui prie le ciel tout le jour ne peut pas manquer d'être bien dans ses affaires. » (*Dom Juan*, III, 2) Le bon sens populaire n'est pas dupe qui corrige le proverbe en ces termes : « Pauvreté n'est pas vice, mais c'est bien pis. »

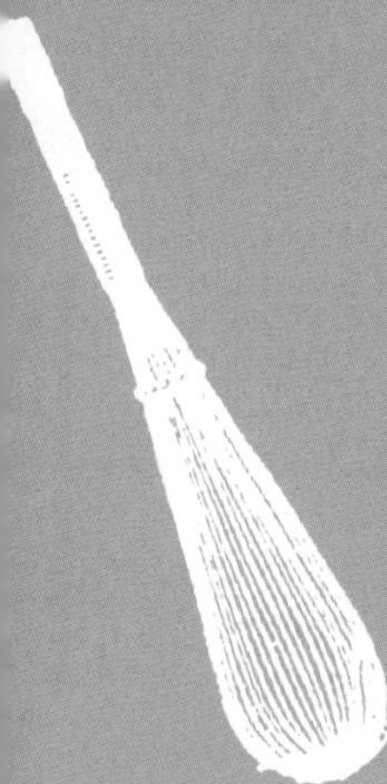

146

On ne mange pas la soupe aussi chaude qu'on la prépare.

Le moins que l'on puisse dire est que ce proverbe allemand vaut pour tous les temps et tous les pays. Il évoque, en premier lieu, les promesses électorales. Les candidats se montrent généreux en ce domaine. Une fois élus, ils se voient obligés d'en rabattre. Il leur arrive même de prendre le contre-pied de ce qu'ils avaient annoncé. Ce qui ne les empêche pas de promettre une soupe bien chaude à l'occasion de nouvelles élections. Une autre formule évoque les déceptions qui suivent les enthousiasmes. Elle concerne la IIIe République qui succéda au Second Empire (Napoléon III, 1852-1870) : « La République était belle sous l'Empire. »

147
Bon accueil vaut mieux que bon dîner.

Ce proverbe arabe peut se compléter par cet autre, de même origine bien que plus imagé : « La barbe de l'invité est entre les mains de l'hôte. » L'un comme l'autre vantent les vertus de l'hospitalité, tenue, dans la tradition orientale surtout, comme une règle sacrée. En retournant la phrase, pourtant, on en voit les limites : un bon dîner n'est-il pas la première manifestation d'un bon accueil ? Entre le visage renfrogné du restaurateur ou de mon hôte et la succulence des mets, où va ma préférence ? Dois-je, chère madame, être sensible au contenu de l'assiette que vous m'offrez ou à l'artifice de votre sourire ? On sait que, pour les restaurants, la distribution des étoiles tient compte de la qualité de l'accueil. Les grandes tables concilient d'ailleurs bon accueil et bon dîner. Mais cela a un prix.

148
Celui qui a mangé son blé en herbe, ne le mangera pas en grain.

De nombreux dictons reflètent la civilisation agricole d'où ils sont issus. Celui-ci nous dit qu'on ne peut tout posséder et qu'il faut choisir, en ne pensant pas seulement à l'avenir immédiat. Les Italiens disent : « On ne peut avoir son tonneau plein et sa femme ivre ». Cette idée d'insouciance opposée à la prévoyance est le fait de la cigale dans la plus célèbre des fables de la Fontaine *La Cigale et la Fourmi* (I, 1 Un joli roman de Colette prend son titre dans la métaphore *Le Blé en herbe* (1923).

149

Celui qui s'attend à l'écuelle d'autrui a souvent mal dîné.

Soyons sensibles à la valeur des temps dans ce proverbe où le présent de vérité générale (« s'attend »), anonyme et abstrait, s'oppose à l'action accomplie (et ici négative) exprimée par le passé composé, « a mal dîné ». L'écuelle, récipient plat, parfois en bois, où l'on mangeait la soupe, n'est plus d'actualité même à la campagne où l'on utilise, comme ailleurs, des assiettes. Mais l'idée subsiste : à trop compter sur la générosité des autres pour assurer son repas, onrisque de jeûner. En élargissant, nous retrouvons une grande loi de la pensée proverbiale : ne compte que sur toi-même. Avertissement lancé aux pique-assiettes ou aux parasites dont l'habitude consiste à profiter d'autrui. Bien d'autres proverbes véhiculent la même idée. Nombre de fables de La Fontaine nous l'enseignent aussi, dont celle, très poétique, qui a pour titre *L'Alouette et ses Petits avec le Maître d'un champ* (IV, 22). Le premier vers fait écho à notre sentence :

Ne t'attends qu'à toi seul : c'est un commun proverbe.

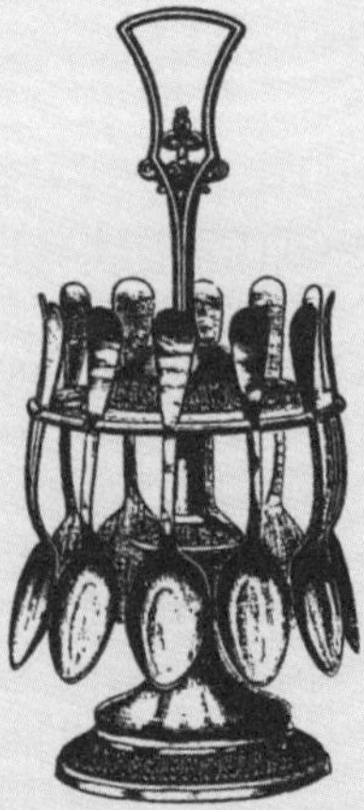

150

Qui mange seul sa côtelette, est seul pour seller la bête.

Proverbe espagnol qui traite d'un thème récurrent de la sagesse populaire, celui de la solidarité nécessaire à la vie du groupe. Ésope et Rabelais en ont parlé avant La Fontaine. Ce dernier, à leur suite, traite de la question dans une fable intitulée *Les Membres et l'Estomac* (II, 2). Les membres qui travaillent et fournissent à l'estomac sa nourriture, un jour se révoltent. Ils en ont assez de nourrir ce parasite et se mettent en grève, invitant l'estomac à aller chercher sa nourriture lui-même. Naturellement, l'organisme dépérit, les membres tombent en langueur. À la différence de notre proverbe, qui s'en tient à la solidarité toute simple, La Fontaine donne au propos un prolongement politique. Messer Gaster (l'estomac) est comparé à la puissance royale qui reçoit mais aussi distribue.

151

Toutes les casseroles finissent par trouver un couvercle.

Que veut exactement dire cette affirmation relevée dans Cervantès ? Les Québécois disent « Chaque cruche trouve son torchon » et les Anglais « Pour chaque Jack, il y a quelque part un Jill ». Cela signifie sans doute que l'on finit toujours par croiser le chemin de quelqu'un qui nous convient. Est-ce vrai ? À regarder le nombre de personnes qui vivent seules aujourd'hui, solitude choisie ou subie, on se dit que si la formule est amusante, elle reste très approximative. Chez Mozart, maçon idéaliste, l'oiseleur Papageno finit, après diverses mésaventures, par trouver sa Papagena (*La Flûte enchantée*).

152
Pardonner est d'un chrétien, oublier est d'un couillon.

Ce proverbe vient, fort logiquement, du pays de la vendetta, la Corse. Derrière sa formulation brutale et pittoresque, il invite à réfléchir à la différence subtile entre le pardon et l'oubli. Le premier relève d'un choix personnel et volontaire qui prend sa source, souvent, dans des convictions religieuses. D'où la mention du « chrétien », allusion implicite à l'adage : « À tout péché miséricorde. » Le second peut être perçu comme une défaillance, une négligence, voire une imprudence, défauts de celui qui manque de bon sens : « le couillon ». On pardonne une faute, mais on ne doit pas être assez naïf pour l'oublier. L'amnistie politique (proche du pardon) n'a jamais signifié l'acquittement ni la réhabilitation. La victime peut pardonner à son bourreau ; il lui est difficile d'effacer de sa mémoire la torture ou la souffrance. Les proverbes, parfois, ouvrent à la philosophie. Et puisqu'il est question de vengeance et de pardon, celui-ci, démystificateur : « Il y a dans le pardon un plaisir que l'on ne retrouve pas dans la vengeance » (persan).

153
Une hirondelle ne fait pas le printemps.

Chez nos voisins anglais, une hirondelle ne fait pas l'été, mais l'idée reste la même : il n'est pas possible de généraliser à partir d'un cas particulier. Il faut éviter de ressembler à celui-là qui, voyant pour la première fois une Anglaise, laquelle se trouvait être rousse, se permit d'extrapoler en disant : « Les Anglaises sont rousses. » Le printemps étant connoté positivement, ce proverbe est surtout utilisé pour dire qu'un élément susceptible de donner de l'espoir ne doit pas conduire à un excès d'optimisme.

154
Le monde est une rose. Respire-la et passe-la à ton ami.

« *Carpe diem* » (« Cueille le jour »), conseille le poète latin mort quelques années avant le début de notre ère. C'était nous inciter à profiter de l'instant. « *Carpe minutam* (« Cueille la minute »), renchérit Jean Rostand. Le proverbe, analysé de la même manière, nous incite à profiter de ce qu'il y a de bien en ce monde. La rose est le symbole de la beauté et de la fraîcheur, son parfum exprimant tout ce que la vie peut nous offrir d'agréable. Mais ce proverbe ajoute à la formulation traditionnelle dans la mesure où il exprime l'idée qu'un vrai bonheur est un bonheur partagé. Qu'importe la beauté du monde s'il n'y a pas au moins une personne pour en jouir avec moi !

155
Quand les mots sont dits, l'eau bénite est faite.

L'eau bénite est utilisée par le prêtre pour sanctifier les cérémonies religieuses. Vestige d'une époque où les affaires se concluaient en tapant dans la main et s'officialisaient par un baptême religieux. Il en était de même pour le plus important des marchés, le mariage : la parole donnée ne se reprenait pas et il n'était pas question de rompre des fiançailles. La formule élargie signifie que l'engagement verbal a valeur de contrat et ne fait que précéder le passage à exécution. Se dédire ou revenir sur sa promesse sont des actes contraires au code non écrit des usages sociaux. Honorer sa parole vaut sacrement d'Église.

156
Eau stagnante, eau qui pue.

C'est ce que disent les Arabes. Un proverbe juif va dans le même sens : « Le puits où l'on puise souvent, a l'eau la plus claire. » L'idée est proche. L'absence d'action, et même de changement, conduit immanquablement à la sclérose. On note, à ce propos, qu'il existe deux catégories de proverbes. D'une part, ceux qui nous invitent à fuir l'agitation pour trouver le repos du sage. D'autre part, les proverbes qui, à l'instar de ceux qui viennent d'être évoqués, soulignent les risques de l'inaction. À y regarder de près, cependant, ce qui est déconseillé n'est pas l'action mais l'agitation. De tous ressort l'idée qu'il vaut mieux être torrent que mare. La vie est mouvement.

157
Une main lave l'autre.

Que veut-on dire exactement quand on emploie cette formule ? L'interprétation la plus courante est qu'elle illustre la nécessité d'une solidarité entre les membres d'une communauté si l'on veut obtenir un résultat. Nous voyons proposés comme équivalents un proverbe anglais (« Grattte-moi le dos, je gratterai le tien ») et un proverbe français (« Le barbier rase le barbier ») qui corroborent cette interprétation. Dans certains emplois, s'opère un glissement de la notion de solidarité vers celle de complicité. Cette évolution provient sans doute du verbe « laver » qui introduit l'idée qu'une main innocente l'autre. Les Italiens complètent le proverbe français en disant :

« Une main lave l'autre
et les deux lavent
le visage. »

158
Le chiot d'un jour ne craint pas le tigre.

On attribue ce proverbe aux Coréens pour traduire une idée qui se rencontre universellement : l'ignorance de la jeunesse. Le jeune chien ne connaît rien, en naissant, de la nature dangereuse du tigre, animal à quatre pattes comme lui qu'il prendrait facilement pour un cousin. Seul l'apprentissage du monde lui révélera la cruauté du félin et la nécessité de s'en tenir à distance. La petite souris de La Fontaine ne se méfie pas non plus du chat « marqueté, longue queue, une humble contenance ». Sa mère souris va lui enseigner la prudence en désignant le matou comme l'ennemi héréditaire (*Le Cochet, le Chat et le Souriceau,* VI, 3). Fable et proverbe sont à verser au dossier, déjà très dense, de l'opposition entre inné et acquis et, plus largement, entre nature et culture.

159
Une fois mordu, deux fois timide.

Pour les polyglottes, disons-le en anglais, sa langue d'origine : « *Once bitten, twice shy.* » Où l'on voit que l'anglais peut être de 50 % plus concis que le français. L'idée est simple : celui qui a eu à subir les crocs d'un chien méchant se montrera prudent en passant devant la niche. L'épreuve rend méfiant. La sagesse française choisit une autre métaphore : « Chat échaudé craint l'eau froide ».

160
Le tigre ne parle pas de sa tigritude, il bondit sur sa proie et la mange.

Whole Soyinka, écrivain originaire du Nigeria, prix Nobel en 1986, est l'auteur de cette formule inspirée d'un proverbe traditionnel. Il s'agit d'une réaction au courant de la négritude dont les premiers inspirateurs ont été Césaire, Senghor et Damas. Soyinka reconnaît l'importance qu'a eue ce courant pour la décolonisation des mentalités. Mais il trouve que l'on passe trop de temps à discuter sur la question de savoir ce qui caractérise le Nègre : il est temps de passer aux actes. L'écriture de ses pièces, qui étaient jouées dans le monde entier, fut pour lui une manière de le faire. Le proverbe est cependant suffisamment ouvert pour être extrapolé à d'autres domaines.

161
Quand la cornemuse est pleine, on en chante mieux.

Le remplacement de la cornemuse par le biniou donnerait au proverbe une coloration bretonne. Mais ne changerait pas sa signification : c'est après la ripaille que se fait la fête. Une fois le ventre rempli (la cornemuse ressemble à l'estomac), on se sent disponible pour partager chants joyeux et propos libres. Exprimé de manière un peu rustique, ce proverbe nous invite à faire confiance au repas pour dégeler l'ambiance et favoriser l'échange (et parfois conclure une affaire). Une version allemande (on l'attendait écossaise) est plus concise : « À sac vide, cornemuse muette. »

162
Il n'est pire sourd que celui qui ne veut pas entendre.

Dans de nombreux cas, la surdité physique a des degrés, mais la surdité de celui qui ne veut pas entendre est absolue. L'idée, assez évidente, vaut surtout par la manière dont elle est formulée. Il serait possible d'établir un rapprochement avec les thèses de Freud sur l'inconscient et le refoulé. L'inconscient va rendre un individu sourd à l'évidence. La chose est patente, mais ce qu'il y a en lui de plus profond la refuse. Esprit coincé n'a pas d'oreilles.

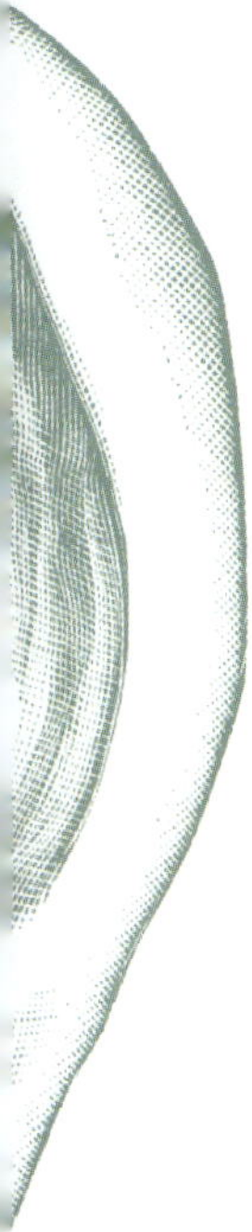

163
À gens de village, trompette de bois.

Pas très flatteurs pour les villageois, mais apparemment, plein de bon sens. L'idée est que l'offre doit être adaptée au public ou, selon un commentateur du XVIIIe siècle : « Il faut proportionner les choses aux personnes » (Le Roux). Proposer un spectacle d'avant-garde dans une campagne reculée ou une comédie en sabots dans un théâtre du Quartier latin, c'est, dans les deux cas, aller à l'échec. Donnons au peuple ce qu'il aime, même si c'est « du pain et des jeux ». On peut contester la formule si l'on admet que la qualité, partout, s'impose. Même non initié, un public appréciera un chef-d'œuvre. Les initiatives ambitieuses sont aussi une façon de lutter contre les ghettos culturels. L'ORTF, télévision des années héroïques, n'avait pas hésité à proposer, en *prime time* (comme on ne le disait pas alors), et sur l'unique chaîne, une retransmission des *Perses* d'Eschyle, montée sans concession, en costumes, masques et cothurnes. Les téléspectateurs avaient massivement approuvé. Y compris dans les villages.

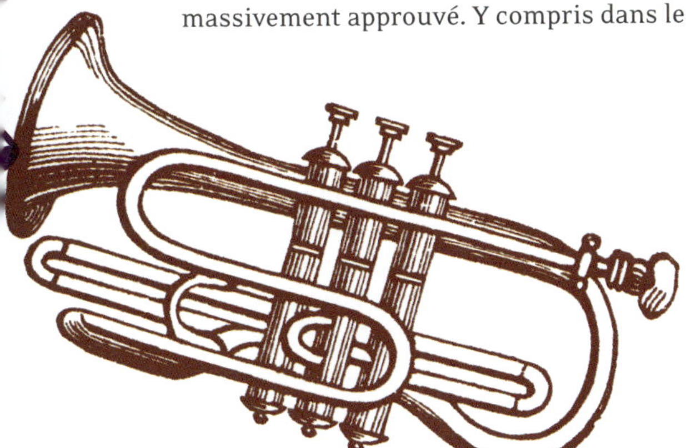

164
Les vertus sans prudence sont des beautés sans yeux.

La comparaison est une figure classique du proverbe. Moins fréquente mais plus parlante que la métaphore, allusive jusqu'à parfois être obscure, elle a l'avantage aussi de redoubler l'idée par la voie de l'analogie. Elle permet enfin de beaux balancements symétriques comme dans ce proverbe espagnol qui prévient contre les excès de confiance ou de suffisance. Posséder de nombreuses qualités morales n'est rien si celles-ci ne s'accompagnent pas de la mesure qui permet d'en contrôler l'usage. De même, la plus grande beauté du monde ne commence à exister que si on la regarde, ou - autre interprétation - est réduite à néant si elle est privée de sa composante essentielle, le regard.

165
Un homme averti en vaut deux.

On rencontre encore : « Un bon averti en vaut deux. » Être informé du risque encouru vous place dans une situation avantageuse et redouble votre prudence. Le naïf, prêt à avancer à visage découvert, sait, grâce à une amicale mise en garde, qu'il doit rester sur la défensive. Conseil de prudence, de méfiance même. Encouragement à écouter (et susciter) les avis des tiers, encore que ceux-ci puissent procéder de la malveillance ou de la calomnie. Resterait à justifier l'effet de doublement. Faute d'une explication, Léon Bloy, malicieusement, propose une recette : « Il y aurait peut-être là un moyen d'augmenter considérablement les effectifs en temps de guerre, ou, du moins, de doubler la constance de nos soldats, voire leur agilité en cas de malheur. C'est une question à étudier. » À cet effet, sans doute, a été inventé l'espionnage.

166
La femme et la bouilloire à thé se bonifient avec l'âge.

Les Japonais, qui pratiquent rituellement « la cérémonie du thé », sont les inventeurs de ce proverbe que certains jugeront misogyne. Comparer la femme à une bouilloire n'est en effet pas très flatteur. Laisser entendre que, dans leurs premières années, l'une comme l'autre ne remplissent qu'imparfaitement leur fonction est carrément désobligeant. Affirmer enfin que la femme n'atteint sa plénitude qu'à l'âge de son déclin physique est une goujaterie insultante. La consolation est que le récipient à eau, comme l'épouse, pour bénéficier de cette amélioration due au temps, doivent pouvoir faire un long usage. Et si le dicton cachait une apologie de la fidélité masculine ?

167
Qui se ressemble, s'assemble.

L'idéal du couple. En se réunissant pour une vie conjugale, pacsée, associative ou professionnelle on satisfait de secrètes affinités. Mêmes goûts, mêmes préférences, mêmes inclinations. L'harmonie de la paire. Les Anglais l'admettent de façon bucolique : « *Birds of a feather flock together* » (littéralement : « Les oiseaux d'un même plumage se regroupent »). Ce qui n'empêche pas l'adage d'être contestable, comme l'atteste cette proposition opposée : « Les contraires s'attirent. » Loi illustrée par quelques couples littéraires composés de figures dissemblables : Don Quichotte et Sancho Pança, Don Juan et Sganarelle, Jacques et son maître (Diderot). La similitude peut ne pas être la cause de l'appariement mais la conséquence si l'on admet que toute vie en commun produit du mimétisme. Ainsi des très vieux couples, qui finissent par tout partager, y compris l'apparence physique.

168
Sourire rajeunit de dix ans.

Pour ressentir la vérité de ce proverbe russe, il suffit d'être attentif aux visages. Le même visage, éteint par la fatigue ou tourneboulé par l'inquiétude, quand un sourire l'illumine, rajeunit brusquement. Bien sûr, il faut qu'il s'agisse d'un vrai sourire. Stendhal distinguait le sourire, qui pourrait être dit commercial, dans lequel seule la bouche entre en action, du vrai sourire qui est d'abord celui des yeux. Il est possible que ce proverbe veuille cependant dire autre chose : sourire rajeunit de dix ans celui qui peut faire preuve de sérénité dans sa confrontation avec les aléas de l'existence. Cela lui fait du bien à lui, mais aussi aux autres, lesquels, à leur tour, lui font du bien. Une question se pose cependant : celui qui est de tempérament mélancolique peut-il, par un simple acte de volonté, aller contre sa nature ?

169
La vengeance est un plat qui se mange froid.

On retrouve le proverbe en Allemagne et peut-être ailleurs en Europe. Il repose sur une curieuse comparaison entre un acte abstrait (la vengeance) et une réalité concrète (un mets à consommer). La justification de l'analogie est le temps : celui qu'il faut à un plat pour refroidir ; celui qui permet à l'offensé de méditer sa vengeance. L'idée est donc qu'il est préférable, car plus efficace et plus inattendu, de se venger « à froid » (la métaphore fonctionne bien), plutôt que sur l'instant. Laissez passer du temps afin que votre agresseur ait oublié l'offense et que vous ayez eu, vous, le loisir d'ourdir un plan de revanche infaillible. Si vous êtes l'offenseur, restez sur vos gardes, car votre victime peut, longtemps après l'affaire, revenir à la charge. Cette hypothèse de la vengeance différée a reçu une amusante illustration littéraire avec un conte d'Alphonse Daudet, « La Mule du pape », histoire d'une mule « qui garda sept ans son coup de pied » (*Lettres de mon moulin*).

170
La douleur embellit l'écrevisse.

Pour faire cuire les écrevisses, il faut les jeter vivantes dans l'eau bouillante, ce qui ne doit pas être particulièrement agréable pour les intéressées. Mais, d'une couleur brunâtre, l'écrevisse passe alors au rouge vif. C'est en cela que l'on peut considérer qu'elle est devenue plus belle. Comme toujours, ce proverbe russe n'exprime que l'un des aspects de la réalité. La douleur n'embellit pas toujours. Il arrive même assez souvent qu'elle enlaidisse et détruise. Cependant, sur le plan psychologique, la douleur, une fois surmontée, peut être source d'enrichissement. La personne concernée en ressortira plus ouverte à la souffrance des autres, plus sensible et donc plus riche.

L'homme est un apprenti, la souffrance est son maître,
Et nul ne se connaît tant qu'il n'a pas souffert.

Alfred de Musset (1810-1857) le dit ainsi, à sa manière, dans *La Nuit d'octobre.*

171
Mieux vaut remplir ses greniers que ses coffres.

Opposition entre les biens de consommation et les valeurs d'échange. Il y a ce qui se mange et ce qui se compte. Entre la belle farine qui fera du bon pain et les pièces d'or entassées dans des sacs, le Chinois (c'est de chez lui que vient ce proverbe) semble avoir choisi. Au moins à une époque où l'autonomie alimentaire était une condition de survie. Aujourd'hui, l'argent, qui d'ailleurs ne s'entrepose plus dans des coffres puisqu'il n'est que virtuel, permettra, en cas de difficulté, de remplir aisément le grenier (ou plutôt le congélateur) et même de s'acheter le meunier, son fils, l'âne et le moulin. La morale est peut-être atemporelle, la « sagesse des nations », elle, évolue avec les mœurs. L'avare qui préfère sa cassette à son assiette est une figure purement littéraire, et datée.

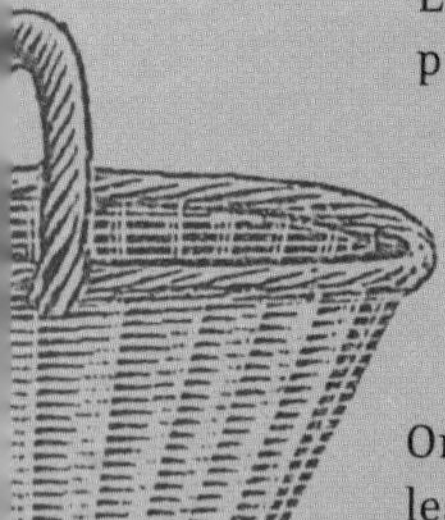

172
Qui fait un panier fait une hotte.

On rencontre encore, en Savoie : « Qui fait les paniers, fait les corbeilles. » Hiérarchie dans la confection artisanale du panier à la hotte ou à la corbeille ; surenchère dans la faute. Celui qui s'est rendu coupable d'une mauvaise action légère, sera bien capable d'en commettre une plus grande. Possédant, comme celui qui travaille l'osier, les secrets de fabrication, il ne se privera pas d'en user. Une alternative au très célèbre : « Qui vole un œuf, vole un bœuf. »
Les vanniers ont quasiment disparu dans notre pays ; pas les voleurs ni les escrocs, toujours prêts à une escalade dans la malhonnêteté.

173
Qui bon l'achète, bon le boit.

Le tout est de savoir ce que l'on met derrière le pronom personnel *le* ou *l'*. Quelque chose qui se boit de préférence (vin, bière, cidre, rhum...), mais, par extension, qui se mange et même, au-delà, qui se consomme, au propre comme au figuré. Le sens, alors, paraît clair : le produit de qualité qu'on a payé un bon prix nous fournira un plaisir proportionnel à son coût. Achat médiocre suppose piètre satisfaction. Regarder à la dépense condamne à la déception. Il n'y a que l'Harpagon de Molière pour penser qu'on puisse faire « bonne chère avec peu d'argent ». Les Espagnols disent : « Qui économise sur la qualité du drap, le paiera deux fois. » Cette règle marchande suivant laquelle la qualité est indexée sur le prix de vente, pourrait être une réponse à l'invasion du marché par une camelote asiatique. Comme le dit le bon sens populaire : « C'est pas cher, vous en avez juste pour votre argent. »

174
La sagesse du monde est folie devant Dieu.

Une manière d'annuler les proverbes qui, parce qu'ils sont employés par tous, se prétendent porteurs de la « sagesse des nations ». Cette qualité revendiquée ne tient pas, comparée à l'opinion du juge suprême, Dieu. Ce que nous, humains, estimons vrai, bon, favorable, juste, conforme à la raison et à l'intérêt général, peut, à l'aune divine, se révéler une monumentale erreur. L'aphorisme peut être illustré par l'activité humaine qui, pour atteindre le progrès et la sécurité, exploite et détruit la nature. Celle-ci se réveille et fait payer à l'homme les atteintes à l'environnement. Notre sagesse (ou du moins notre orgueil) n'était que folie. Rien n'interdit d'élargir l'idée à des thèmes plus communs : le chef ultime (roi, patron, maître...) juge des choses différemment de la masse de ses subordonnés.

175
Nul n'est prophète en son pays.

La terre d'origine ne reconnaît pas toujours les mérite de ses enfants. On pourrait trouver de nombreux exemples allant dans ce sens (l'Espagnol Picasso réussissant en France), mais d'autres contredisent le proverbe (Rodin réussissant chez lui). L'idée est déjà dans la Bible, et plus exactement dans le Nouveau Testament (Jean, IV, 44) : « Et Jésus attesta lui-même qu'un prophète n'est pas honoré dans sa patrie. » La vi de Jésus, en tout cas, va bien dans le sens de la formul

176
Le turquifié est pire que le Turc.

Le Turc, qui relevait du grand et prestigieux Empire ottoman, c'était aussi le mahométan et donc l'« infidèle » pour les chrétiens. Le proverbe signifie évidemment que le nouvel adepte d'une religion, d'un parti ou d'une thèse est plus enthousiaste, plus intransigeant et, partant, plus dangereux que l'ancien. Lequel est tout aussi convaincu peut-être, mais plus modéré dans son engagement. Dans le genre turquifié, pourrait être évoquée la figure de Roger Garaudy, même si elle tend à s'effacer des mémoires. Personnalité marquante du Parti communiste français, dont il fut membre de 1933 à 1970, Roger Garaudy s'est ensuite converti à l'islam (1982). Il a reçu le prix Kadhafi en 2002. Garaudy est allé jusqu'à soutenir les thèses négationnistes qui nient l'existence de la Shoah, ce qui n'est pas le cas de la majorité des musulmans. Pas très éloigné et plus connu : « Il ne faut pas être plus royaliste que le roi. »

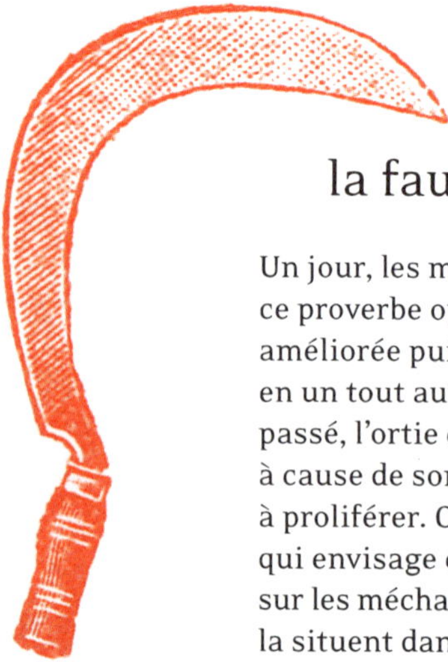

177
Un jour, la faucille coupera l'ortie.

Un jour, les méchants seront punis, semble dire ce proverbe optimiste. L'image de l'ortie s'est améliorée puisque l'on en fait de bonnes soupes et, en un tout autre domaine, un engrais. Mais, dans le passé, l'ortie est la mauvaise herbe par excellence, à cause de son caractère urticant et de sa tendance à proliférer. On peut s'interroger sur cet optimiste qui envisage comme certaine la victoire des bons sur les méchants. C'est pourquoi toutes les religions la situent dans l'au-delà.

178
Il vaut mieux péter en compagnie que crever seul.

L'ennui, avec ce proverbe, c'est qu'il est malaisé à citer dans une société choisie. Nos oreilles, c'est le cas de le dire, sont devenues délicates. Les contemporains de Rabelais, pas exemple, n'y regardaient pas de si près et semblaient apprécier des formulations grassement réalistes qui parlaient à l'esprit et aux sens du bon peuple. La phrase invite à préférer le groupe à la solitude, les réalités simples de la vie plutôt que la sublimité morbide. Leçon épicurienne exprimée dans la langue drue de la campagne auvergnate, puisque c'est de cette région que vient ce proverbe. Elle peut se retrouver ailleurs, même très loin, comme en Chine où l'on dit : « La solitude est une prison. »

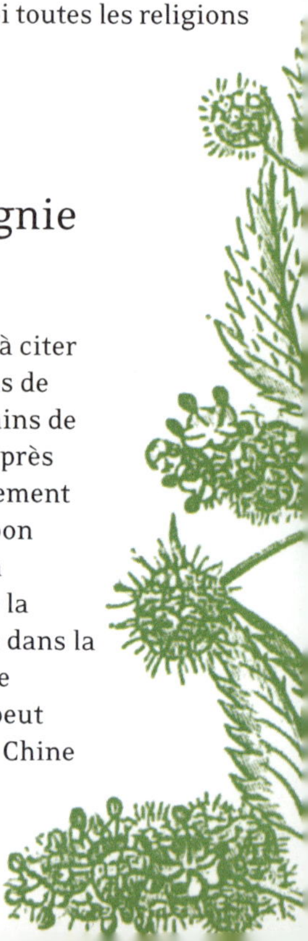

179

Les meilleures choses ont une fin.

On dit encore «... n'ont qu'un temps », pour exprimer l'inévitable limitation des plaisirs. Les moments de volupté ou de bonheur sont, comme les autres étapes de notre existence, voués à s'achever. Léon Bloy nous donne l'exemple de la jeunesse qui, comme on le reconnaît surtout au crépuscule de sa vie, n'a qu'un temps. Mais faut-il admettre comme une vérité intangible que la jeunesse fait partie des « meilleures choses » ? Autre question : ces « choses » réputées « meilleures », le seraient-elles réellement si elles devaient durer éternellement ? C'est leur caractère fugace qui nous les rend précieuses. Faites de la beauté un attribut éternel, elle devient un supplice, comme le montre Oscar Wilde dans *Le Portrait de Dorian Gray*. La permanence de la jouissance peut même, théoriquement, engendrer le désespoir. On demande à voir.

180
Il vaut mieux avoir à faire à Dieu qu'à ses saints.

On dit encore, dans un sens très voisin : « Il vaut mieux prier Dieu que ses saints. » Nulle question métaphysique dans ce proverbe qui doit se lire de façon bien profane. Il signifie qu'on a toujours intérêt, dans une démarche par exemple, à s'adresser au vrai responsable, au supérieur, au chef, au patron. Ce dernier, en toute humilité, est ici assimilé à Dieu, ses collaborateurs devenant des saints chargés de l'assister. La demande, reçue par le décideur, aura moins de chance de se perdre dans les arcanes des procédures. Le conseil est avisé ; il n'est pas toujours aisé à mettre en pratique à notre époque où les patrons sont invisibles, intouchables, nouvelles divinités vivant dans un empyrée inaccessible. Les saints eux-mêmes sont difficiles à approcher : ils sont remplacés par des voix anonymes ou des interlocuteurs virtuels qui vous invitent à taper sur le chiffre 1 ou 2 suivant la requête. De quoi accroître le nombre des mécréants.

181
On ne peut pas sonner et aller à la procession.

Ceux qui n'ont aucune pratique religieuse ne peuvent pas comprendre ce proverbe. Il nous explique, à partir du cas du sonneur de cloches, qu'il est impossible d'assurer deux fonctions à la fois (faire son office en tirant sur la corde et participer au cortège du saint sacrement). Corollaire obligé : impossible d'être en deux lieux en même temps. Une remise en cause, sous le regard de monsieur le curé, du fameux don d'ubiquité. Notre langue possède une locution imagée pour traduire la même chose : « Je ne peux pas être au four et au moulin. » Plus rural.

182
Le besoin apprend à prier.

La formule est due à nos voisins allemands, pas plus mécréants que d'autres. Elle traduit, avec une grande économie de moyens, l'idée suivant laquelle c'est dans la difficulté, face à l'épreuve, quand sont épuisées toutes les solutions, que l'on peut avoir envie de se tourner vers l'ultime recours : la puissance divine. Il n'est pas d'impie qui résisterait à l'hypothèse du miracle. Le croyant lui répond que prière n'est pas doléance et que Dieu n'a que faire des SOS. L'agnostique s'autorisera alors de l'Évangile : « Demandez et l'on vous donnera ; cherchez et vous trouverez ; frappez et on vous ouvrira. » (Matthieu, VII, 7) On a vu des conversions sincères commencer par des prières intéressées (et exaucées). Plus profane et un peu différent : « Le besoin fait la vieille trotter. »

183
On ne cueille pas le fruit du bonheur sur un arbre d'injustice.

Ce proverbe persan veut nous faire réfléchir à la difficile question du bonheur. Sous la métaphore qui le compose, il faut comprendre que le bonheur individuel ne peut se bâtir sur les méchancetés ou les injustices qu'on a imposées aux autres ou au moins laissé faire. « Il peut y avoir de la honte à être heureux tout seul » note Rambert, personnage de *La Peste* d'Albert Camus. Quand l'épidémie ravage la ville, difficile de jouir sereinement de ses petits plaisirs. Le poète grec Pindare utilisait une autre image : « Le bonheur ne fleurit pas pour ceux qui suivent des chemins obliques. »

184
Le basilic ne dit pas « je sens bon ».

Ce proverbe berbère ne se révèle pas immédiatement Le basilic, ici, n'est pas ce serpent fabuleux né d'un œuf de coq couvé par un crapaud. Il désigne la plante aromatique cultivée dans les pays du Sud, appelée « pistou » en Provence ou « pesto » en Italie. Les feuill de basilic, d'un vert soutenu, dégagent une odeur entêtante. Cette particularité, qui relève de l'évidenc n'a pas à être soulignée. De même pour les qualités de l'être humain qui gagnent à ne pas être proclamée Le plus ténu des mérites finit toujours par s'imposer de lui-même. Ce dicton parfumé veut célébrer la modestie et condamner la vanité.

185
On entend le fracas d’un arbre qui tombe, mais pas le murmure de la forêt qui pousse.

Pour montrer que la presse ne s’intéresse qu’au spectaculaire, on dit parfois : « Une femme qui élève correctement ses enfants, cela n’intéresse pas les journalistes ; mais si elle en jette un par la fenêtre, ils accourent. » Ce proverbe va cependant plus loin. L’évolution des études historiques, amorcée avec l’École des Annales, tend à s’intéresser au murmure de la forêt. L’histoire traditionnelle était « événementielle » en ce sens qu’elle mettait l’accent sur des événements comme les batailles, les traités, ce qui se passait à la cour. Les nouveaux historiens dont Fernand Braudel (1902-1985) vont plutôt porter leur attention sur les grands mouvements de civilisation. Notons cependant que l’événement lui-même résulte d’un faisceau de causes et, en fin de compte, d’un fond de civilisation. L’arbre tombant avec fracas ne tombe pas par hasard.

186
L'amour et la haine sont parents consanguins.

La Bruyère dit souvent l'essentiel en quelques mots. Ainsi, dans les *Caractères* (« Du cœur ») : « On veut faire tout le bonheur, ou, si cela ne se peut ainsi, tout le malheur de ce qu'on aime. » Notre proverbe allemand va dans le même sens. La sagesse populaire exprime cette dualité en disant que la haine est de l'amour rentré. Freud s'est longtemps arrêté sur l'ambivalence de nos sentiments qui repose sans doute sur la dualité entre l'instinct de vie (Éros) et l'instinct de mort (Thanatos). « Je l'ai tué(e) parce que je l'aimais trop » dit la personne accusée d'un crime passionnel. Il n'en reste pas moins que le contraire de l'amour n'est pas la haine, mais l'indifférence. Ce qui fait dire à Dominique Noguez dans son *Dictionnaire de l'amour* : « L'amour, c'est quand on attend des heures entières un coup de téléphone qui ne vient pas. »

187
Souvent femme varie, bien fol est qui s'y fie.

François Ier (1494-1547), roi de France, aurait gravé cet adage, avec son diamant, sur le carreau d'une fenêtre du château de Chambord. Il s'agit certainement d'une légende, ce qui n'a pas empêché Victor Hugo et après lui Verdi de broder sur le sujet. Pour Verdi, c'est dans *Rigoletto* qu'est situé le fameux passage (« La femme est changeante / Comme la plume au vent »). Beaucoup de généralisations sur les femmes, dans le genre de celle-ci, ont pris un coup de vieux après les écrits théoriques de Simone de Beauvoir et de ses émules. Certaines formules de Sacha Guitry ou d'Oscar Wilde, par exemple, ne sont plus audibles. Mais on peut toujours chanter : « *La donne è mobile / Quel pium al vento* ».

188
Le temps est le meilleur docteur.

La formule relève de l'évidence si l'on considère que la mort met fin à toutes les maladies. Mais ce proverbe, entendu notamment en Alsace, joue évidemment sur le sens figuré. Le temps permet parfois d'apaiser des conflits. « Laisse faire le temps, ta vaillance et ton roi », dit Don Fernand à Rodrigue dans le dernier vers du *Cid* (1636). L'histoire fournit des exemples comme celui de la réconciliation des Anglais et des Français après des siècles de guerre, ou de l'Allemagne avec ses ennemis traditionnels. Les optimistes en déduisent que Palestiniens et Israéliens, dans une cinquantaine d'années, en viendront à une solution du même type. Mais l'histoire ne manque pas d'exemples *a contrario.* Les Indiens d'Amérique du Nord et toutes les civilisations effacées de la planète n'ont pas à se féliciter du docteur Temps.

189
Les grandes douleurs sont muettes.

Leçon de stoïcisme ou alibi pour veuves joyeuses ? Sans trancher, le proverbe nous laisse entendre qu'il est vain de se répandre en pleurs et gémissements pour exprimer son chagrin. Un silence digne est plus éloquent. Avant de devenir proverbe, la phrase se rencontre sous la plume de Sénèque dont l'exigence éthique le conduisit à s'ouvrir les veines quand, en 65 de notre ère, Néron réclama sa mort. Cet encouragement à retenir les épanchements d'un cœur meurtri est devenu un poncif littéraire. Son contraire aussi, d'ailleurs, comme l'illustre ce vers de Musset : « Rien ne nous rend si grands que les grandes douleurs. » (*La Nuit de mai*)

190
Si les Psaumes de David étaient un remède, on les vendrait dans les pharmacies.

Appartenant à la culture yiddish, ce proverbe se réfère au Livre des Psaumes de la Bible hébraïque (que les chrétiens appellent l'Ancien Testament). David n'est l'auteur que d'une partie de ces textes, mais, par abus, on parle parfois des Psaumes de David. Ces textes sont utilisés comme prières avec pour tel ou tel une fonction précise : pour se protéger de la sorcellerie, pour gagner au jeu, pour se protéger de la maladie, pour éloigner le besoin d'argent, etc. Le proverbe paraît se moquer de cette dérive de la religion vers la superstition. La vertu attribuée à chacun des psaumes est considérée comme ridicule. Il ne s'agit pas d'une critique de la religion, mais de son dévoiement.

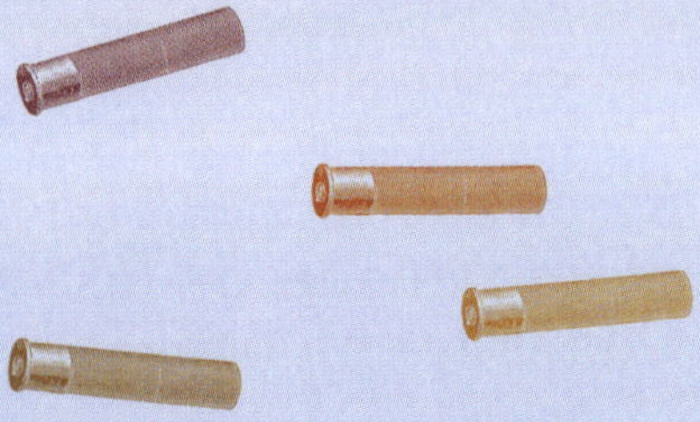

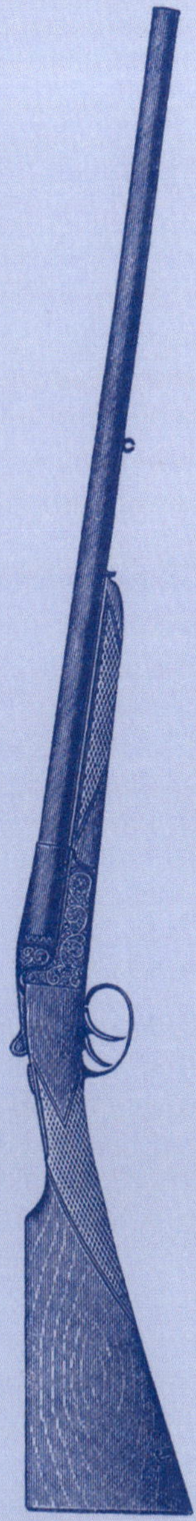

191

La parole est comme la balle du fusil. Une fois partie, il n’est plus possible de la rattraper.

Ce proverbe, souvent entendu en Afrique, a des équivalents dans d’autres continents, la flèche remplaçant la balle par exemple. Il se rattache aux innombrables dictons construits sur l’opposition entre le silence et la parole. La sagesse est toujours présentée comme l’art de se taire alors que la parole est liée à l’impulsivité, à l’indiscrétion, au manque de contrôle de soi. Le sage ne se tait pas toujours, mais il ne parle qu’à bon escient. L’intempérant en matière de parole, souvent une femme dans les proverbes, ne comprend pas que, si la parole est d’argent, le silence est d’or, et qu’il faut tourner sept fois sa langue dans sa bouche avant... de se taire. En modernisant, il serait possible de construire un proverbe dans lequel la balle serait remplacée par le courriel. La discussion sur Internet favorise l’impulsivité, avec les risques que cela comporte. Le courriel est comme la balle du fusil. Une fois qu’il est parti, nul espoir de le rattraper.

192

Un homme sans ennemis est sans valeur.

La tentation est honorable qui nous pousserait à nous fixer comme idéal de n'avoir aucun ennemi. Mais l'expérience prouve que ce n'est pas chose aisée. Pour peu que nous ayons une personnalité forte, nous allons susciter des jalousies, des incompréhensions, parfois une hostilité dont l'origine est souvent mystérieuse. Même des amitiés qui ont duré longtemps s'interrompent parfois, voire tournent à la brouille. Ce qui faisait dire à Jules Renard qu'il n'y a pas d'amis, mais seulement des amitiés. Il serait osé d'en tirer une conclusion selon laquelle le fait d'avoir beaucoup d'ennemis signifie que l'on a un gros tempérament. Ou qu'un caractère fade vous dispense d'avoir des ennemis. Restons sur l'idée qu'un esprit original suscite souvent des inimitiés. « On ne jette des pierres qu'aux arbres qui portent des fruits. »

193
Nécessité fait loi.

Encore un bel exemple de la concision que peut atteindre la rhétorique proverbiale. En trois mots nous est livrée une leçon profonde digne de susciter de longues dissertations. Les circonstances imposent, parfois, de recourir à des moyens peu recommandables. Certains actes trouvent leur justification dans l'extrémité d'une situation. Le plus pacifique peut, quand le contexte l'impose, se montrer violent ; le plus désintéressé, calculateur ; le plus sincère, bassement sournois. On se rapproche de la très controversée formule, attribuée faussement à Machiavel, « La fin justifie les moyens », commode alibi pour les défenseurs de la torture par exemple.

194
Aide-toi, le Ciel t'aidera.

Il ne faut pas toujours compter sur autrui ou sur un pouvoir divin pour se tirer d'affaire. Il est nécessaire de se prendre en main pour que la chance nous favorise. Claude Roy dit : « Aime-toi, le ciel t'aimera. » Détour indispensable, évidemment, par La Fontaine, grand illustrateur de dictons, et l'histoire de son « chartier » (ancien nom de « charretier ») embourbé (VI, 18). Moins connue, une mention de l'idée chez Rabelais dans la bouche du sage Épistémon qui profère sentencieusement : « Si en nécessité et danger est l'homme négligent [...], sans propos il implore les dieux. » (*Quart Livre,* chapitre 23)

195
Des paroles carrées n'entrent pas dans des oreilles rondes.

Ce proverbe chinois est destiné à tous les professionnels de la parole et de la transmission pédagogique, à commencer par les professeurs et les auteurs de livres destinés au grand public. Il leur rappelle une vérité première : le parler savant risque de ne pas être compris d'un destinataire non spécialisé. Les mots recherchés (qui sont plaisamment qualifiés de « carrés », figure artificielle) ne peuvent convenir aux oreilles du plus grand nombre (la rondeur devenant un critère de simplicité naturelle). Sur ce sujet, La Bruyère nous a laissé le saisissant portrait du « diseur de *phœbus* », le grotesque Acis : « Que dites-vous ? Comment ? je n'y suis pas ; vous plairait-il de recommencer ? J'y suis moins encore ? Je devine enfin : vous voulez, Acis, me dire qu'il fait froid ; que ne disiez-vous "Il fait froid" ? » (*Les Caractères*, V, 7) Les jargonneurs, apparemment, sévissent aussi en Asie.

196
Il n'est pire eau que l'eau qui dort.

Ce cours d'eau sympathique qui invite à la baignade peut, en un instant, se transformer en torrent dévastateur. De la même façon, les personnes réservées, taciturnes, d'apparence calme peuvent se révéler irascibles, violentes et vindicatives. Un conseil de prudence et même de méfiance, vertus qu'aiment à enseigner les proverbes. Comme celui-ci, arménien : « Le coup de pied d'un cheval paisible frappe dur. » Ou cet autre, russe : « Les démons vivent dans le lac tranquille. »

197
Ne plains pas tes souffrances, de peur qu'elles n'augmentent.

L'idée reçue est que confier sa peine à quelqu'un est une façon de la diminuer. Or paradoxalement, ce proverbe allemand affirme le contraire. Il est vrai qu'il parle de « plaindre ses souffrances » et non de les confier. Mais la différence n'est pas grande. La seule chose sûre est qu'en plaignant ses souffrances, on fait souffrir l'interlocuteur. Celui-ci risque de s'éloigner et d'augmenter ainsi notre solitude et donc notre souffrance. Cela vaut spécialement pour les personnes qui nous accablent par des propos relatifs à leurs maladies et à leurs médicaments. C'est pourquoi Barjavel disait qu'à partir de soixante ans, il ne faut plus parler de sa santé, puisqu'il s'agit toujours de mauvaise santé.

198

Les petits ruisseaux font les grandes rivières.

Vertu de l'épargne et de la modération. Éloge du bas de laine. Ramené à la question financière, le proverbe donne : « Il n'y a pas de petites économies. » On amasse progressivement, on épargne sou à sou et, au bout du compte, on se retrouve à la tête d'un joli magot. Mentalité paysanne de l'économie traduite par les Anglais au moyen d'une autre image : « Celui qui ne se baisse pas pour ramasser une épingle n'est pas digne de ramasser une livre. » Le héros de la nouvelle de Maupassant, Maître Hauchecorne, « économe en vrai Normand », n'hésite pas à se baisser pour ramasser un petit bout de ficelle... Ce qui ne lui portera pas chance (« La Ficelle »). Avec des principes de ce genre, Harpagon vole la litière de ses chevaux et Grandet condamne sa fille au célibat. Tous les avares du monde ont recommandé d'économiser « les bouts de chandelle ». Sans verser dans la prodigalité aveugle, on peut tempérer ces règles de privation extrême. Un proverbe espagnol nous le conseille : « Pour épargner un clou, on perd un cheval. »

199
Les vrais chefs doivent savoir désobéir.

Rares sont les proverbes qui vont dans le sens de la rébellion ou de la révolte. Le contraire est plus fréquent, c'est-à-dire l'invitation à se soumettre à l'autorité sous peine de naufrage, ainsi que le dit un proverbe italien : « Le navire qui n'obéit pas au gouvernail devra obéir aux écueils. » Celui que nous retenons vient du Tibet, et nous surprend par sa portée paradoxale. Le « chef » étant traditionnellement celui qui donne l'ordre, ce n'est pas à lui d'obéir (ou éventuellement de désobéir), mais à l'inférieur, à l'exécutant. Mais tout chef, dans une hiérarchie qui se respecte, a au-dessus de lui quelqu'un envers lequel il est comptable, et c'est par son aptitude à s'affranchir de cette tutelle que se distingue sa qualité de leader. Ses décisions, ses choix ou ses initiatives, son sens des responsabilités, sa capacité à faire face à l'imprévu et à adapter sa conduite le distinguent du subalterne. Notre histoire nationale, faute d'aller fouiller celle, même récente, du Tibet, nous fournirait des illustrations assez parlantes, au moment de l'occupation allemande, par exemple.

200

Il vaut mieux du pain dans l'armoire qu'un bel homme dans la rue.

Proverbe provençal qui mérite d'être cité dans sa langue d'origine : « *Voou mies de pan a la pannièro / Qu'un bel homme à la carrièro.* » Ainsi apparaît le mot « panière » aujourd'hui vieilli, mais toujours pittoresque, et surtout la rime que la version française ne rend pas. L'idée est originale car elle donne, pour une fois, le point de vue de l'épouse. Entre un beau mari, qui ira courir la gueuse et traîner les rues, et une vie modeste qui assure la pitance et remplit la panière, le choix ne fait pas de doute. On peut tirer fierté de son labeur et de son économie, pas de la frivolité ou de la parade. Jouant sur le temps plutôt que sur l'allure, les Auvergnats disent : « Pain de vieillesse se pétrit pendant la jeunesse. »

201
L'abeille qui reste au nid n'amasse pas de miel.

Ce proverbe québécois prend le contre-pied du proverbe français : « Pierre qui roule n'amasse pas mousse ». La maxime française, qui évoque les galets charriés par la rivière, voulait signifier qu'à trop changer d'occupation on n'arrivait à rien (*Douze métiers, treize misères*). C'était, en particulier, l'époque où l'on pouvait passer toute sa vie dans la même entreprise et parfois dans le même emploi. L'idée qu'il vaut mieux ne pas trop bouger a l'inconvénient de paraître encourager l'esprit casanier et le manque d'ouverture. Le proverbe québécois correspond mieux à notre époque dans la mesure où il nous encourage à aller voir ce qui se passe ailleurs. Parce que partir, c'est mûrir un peu.

202
L'œil du maître fait plus que ses deux mains.

De nombreux proverbes soulignent l'importance qu'a toujours la présence attentive du responsable. Celui-ci s'entend dans plusieurs pays d'Europe. On disait, en France : « L'œil du fermier vaut fumier. » Version créole : « *Jardin loin, gombô gâté.* » Le gombo est un condiment, parfois aliment ; si on se tient loin du jardin, il en souffre. Cette vigilance est nécessaire, sans quoi les valets dorment, les souris dansent. La Fontaine n'a pas manqué de s'arrêter sur ce principe évident mais souvent oublié : *L'Œil du Maître* (IV, 21). L'« homme aux cent yeux » découvre ce qui avait échappé à tous. Le fabuliste en déduit, après Phèdre, que rien ne vaut l'œil du maître sinon celui de l'amant.

203

Les mots sont comme les abeilles : ils ont miel et aiguillon.

Le corpus des proverbes nous offre de nombreux exemples comparatifs. Notamment par la mise en parallèle de l'abstrait et du concret, façon de faire l'économie d'une démonstration théorique et de parler au peuple. Cette maxime, venue de Suisse, porte sur le langage, thème souvent traité dans sa double face : brillante et agréable (ici, le miel), perfide et dangereuse (l'aiguillon). Métaphore qui nous renvoie à l'apologue bien connu d'Ésope le Phrygien. Son maître, Xantus, lui demande de lui servir le meilleur plat. L'esclave apporte une langue. Après quoi on lui réclame le mets le plus détestable. Ésope apporte à nouveau une langue. Dans le premier cas, l'instrument de la parole était perçu comme l'organe de la pensée et de la vérité ; dans le second, il aidait à répandre l'erreur et le mensonge. La meilleure et la pire des choses.

204
La mort d'une bonne action est d'en parler.

Il ne faut jamais rappeler un bienfait. La reconnaissance, la gratitude, a quelque chose de malsain. On ne voit pas, en particulier, pourquoi des enfants devraient être reconnaissants aux parents qui leur ont infligé la vie - pour parler comme Chateaubriand - ou qui les ont élevés. Comme si ce n'était pas une chose allant de soi qu'il faut élever les enfants que l'on a mis au monde. Le rappel d'un bienfait, avec l'idée sous-entendue que cela mériterait de la reconnaissance, est insupportable. Car l'acte qui aurait pu apparaître comme généreux n'est plus qu'un calcul déçu. L'action « bonne » est, dans ce sens, tuée. Donne et passe ton chemin sans te retourner. Souhaite seulement que le bénéficiaire ne te fasse pas de mal.

205
Dans le doute, abstiens-toi.

Notons l'apostrophe et le tutoiement. Le proverbe, comme la parole biblique, nous prend à partie et nous dépouille de notre vernis social. C'est un secret de son efficacité. Celui-ci nous vient de Perse et serait dû au grand Zoroastre (VIe siècle av. J.-C.), réformateur de la religion antique iranienne, plus connu, depuis Nietzsche, sous le nom de Zarathoustra. Il nous encourage à une sage prudence face aux situations incertaines. Ce que contredirait un autre adage : « La fortune sourit aux audacieux ». Illustration moderne de la formule proverbiale : l'arbitrage vidéo au rugby. Dès que plane une incertitude sur l'essai, la vidéo va trancher : l'essai est refusé ou accepté. Merci Zarathoustra.

206

Lorsque tu vins au monde, tout le monde était content et tu pleurais. Vis de telle sorte que lorsque tu mourras, tous pleurent et que, toi, tu sois heureux.

Comment réussir sa vie ? Certains pensent le faire en laissant derrière eux une œuvre pour témoigner de leur passage. D'autres se contentent de laisser une bonne réputation. Ils pensent à la façon dont ils continueront à vivre dans la mémoire de ceux qui les ont connus ou de ceux auxquels aura été transmis leur souvenir. L'idée n'est pas spécialement originale, mais, comme souvent avec les proverbes, l'intérêt dépend plus de la mise en forme que de la pensée elle-même. La façon de donner des conseils vaut mieux que ceux qu'on donne.

207
Le sang ne lave pas le sang.

La justice la plus primaire est celle du type : « Œil pour œil, dent pour dent, pied pour pied, brûlure pour brûlure, blessure pour blessure. » Et donc : « Sang pour sang. » C'est la logique de la vendetta. Toute l'organisation de la justice des pays civilisés s'appuie sur cette idée que « Le sang ne lave pas le sang ». Le principe d'une vengeance de représailles rapides conduit à un interminable engrenage de la violence. La justice moderne est parfois lente parce qu'elle est le contraire de l'impulsivité et de la vengeance. Elle s'efforce de s'écarter de la loi du talion (du latin *talis* = « tel ») : *telle* faute, *tel* châtiment. Les tenants de la Bible disent que le précepte énoncé au début de cette entrée, qui en provient, correspondait à un progrès dans la mesure où il se rattachait à une exigence nouvelle : la proportionnalité entre le crime et la punition. Autres temps, autres mœurs.

208
Tout ce qui pue ne tue pas. Tout ce qui tue ne pue pas.

Passons rapidement sur le caractère relatif des réactions olfactives. Le parfum *Opium* d'Yves Saint Laurent a, un temps, été interdit dans quelques restaurants de New York. Le musc, dont abusaient, au XVIIIe siècle, les muscadins, peut gêner autant que plaire. La formule apparaît au moment où les théories de Pasteur ont fait évoluer les idées sur les causes des maladies. On attribuait jusque-là de nombreuses pathologies à l'air rendu malsain par les pourritures de toute sorte. Or, non seulement, on constate que tout ce qui pue ne tue pas, mais il s'est trouvé des médecins pour penser que des mauvaises odeurs pouvaient soigner. Par exemple, on faisait respirer aux tuberculeux, alors appelés phtisiques, les émanations des étables. Tout ce qui tue, ne pue pas. Les microbes ainsi que les virus, tout comme l'argent, n'ont pas d'odeur. Pourtant l'effluve fétide d'un plat qui a tourné, d'une boîte de conserve qui a pris l'air ou les exhalaisons d'une usine, voire d'une personne, ont souvent une valeur d'avertissement. Ceux qui voudront en savoir plus sur cette question liront l'excellent *Le Miasme et la jonquille* d'Alain Corbin (Flammarion, Champs, 1982).

209
On ne saurait penser à tout.

Les amateurs de littérature auront reconnu dans ce proverbe le titre d'une petite comédie d'Alfred de Musset. Pour satisfaire le public mondain de son temps, le poète, s'inspirant de quelques prédécesseurs, dont Louis Carmontelle au XVIIIe siècle, a imaginé d'illustrer théâtralement plusieurs proverbes dont le contenu servirait de moralité à une intrigue dramatique. Par exemple : « Il ne faut jurer de rien », « Il faut qu'une porte soit ouverte ou fermée » et, le plus ambitieux et le plus accompli : « On ne badine pas avec l'amour ». La maxime « On ne saurait penser à tout » veut justifier par avance les défaillances de la mémoire ou de l'organisation. La plus étudiée des préparations ne peut éviter un dérapage imprévu, un accident de parcours, une imperfection de détail d'où peut découler... l'effondrement de l'entreprise. Cette formule pourrait servir de sous-titre à de nombreux romans ou films policiers. Le meurtrier, d'une habileté diabolique, a tout prévu pour égarer les enquêteurs, sauf un minuscule indice qui suffira à le confondre. Ainsi, nul n'est infaillible - sauf les criminels qui courent toujours.

210
Les paroles s'envolent, les écrits restent.

Cette maxime ne vaut pas pour les centaines de milliers de rouleaux qui ont brûlé dans l'incendie de la grande bibliothèque d'Alexandrie un peu avant le début de notre ère. Pas plus que, tout récemment, pour la bibliothèque de Sarajevo. Elle ne saurait s'appliquer non plus aux textes détruits sciemment par les responsables catholiques parce qu'ils n'allaient pas dans le sens de la seule Parole admise. Et sans la tradition orale, et les textes appris mécaniquement par cœur, la Bible, l'Ancien Testament tout comme le Nouveau, ainsi que le Coran, ne seraient pas ce qu'ils sont. Que dire des centaines de pages du journal de Jules Renard détruites par sa femme après sa mort, et des textes de Nietzsche dénaturés par sa sœur ?

211
Que celui qui n'a pas traversé ne se moque pas de celui qui s'est noyé.

En Afrique, d'où vient cette phrase, la traversée de la rivière représente un acte risqué réellement vécu au quotidien. Ce franchissement périlleux justifie la métaphore qui confronte, comme le font d'autres proverbes, celui qui agit et celui qui regarde. Le premier a fait preuve de courage en tentant de rejoindre l'autre rive ; la malchance a voulu qu'il échoue et le paye de sa vie. Le second, paresseusement, l'a regardé couler du bord. Il a la vie sauve, mais ne sort pas grandi de sa prudence extrême. On attend de lui, sinon qu'il reconnaisse le mérite de l'audacieux, du moins qu'il se taise et s'abstienne de ricaner. Il ne serait pas étonnant que ce railleur fasse partie des puissants et la victime des subalternes. Un autre proverbe nous le suggère : « À passage et à rivière / Laquais devant, maître derrière. » Le mieux, évidemment, aurait été de trouver le pont, acte de sage : « Tandis que le sage était en train de chercher le pont, le fou traversa la rivière. »

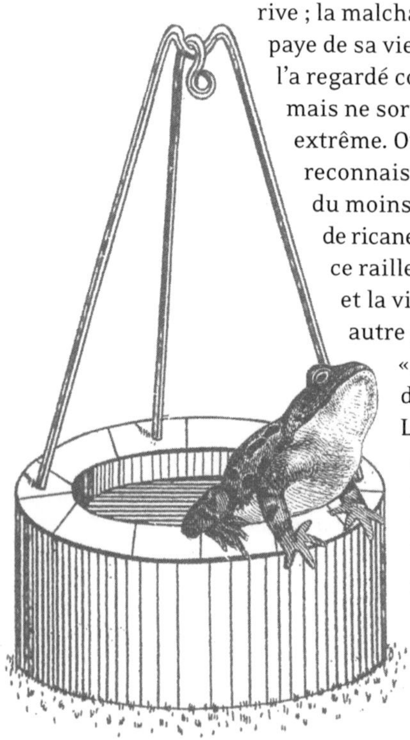

212
Il faut puiser tant que la corde est au puits.

Façon de rappeler qu'il faut saisir l'occasion lorsqu'elle se présente, que l'on doit tirer parti immédiatement d'une circonstance favorable, car rien ne dit qu'elle soit appelée à durer. Les moyens de s'enrichir sont fragiles : à vous de les exploiter quand ils s'offrent. Le puits symbolise traditionnellement la part enfouie, cachée, des ressources. Il est en même temps, dans la pensée traditionnelle, pourvoyeur de vie, car il renferme l'eau. Son tarissement, sa pollution (par le poison, qu'est soupçonné d'employer Angelo, le héros du *Hussard sur le toit* de Giono) entraînent la mort. Le proverbe peut s'appliquer à l'acte d'apprentissage : engrangez le savoir quand il est là et quand un maître compétent vous le prodigue ; demain, il sera peut-être trop tard.

213
La grenouille qui a passé toute sa vie dans un puits n'a aucune idée de la haute mer.

Belle image par laquelle les Japonais évoquent deux façons d'envisager la vie : il y a ceux dont l'univers se limite à leur petit entourage et ceux qui, à l'opposé, sont ouverts sur le reste du monde. Montaigne qui voyagea au travers des livres mais parcourut aussi l'Europe à cheval, se moquait de son curé. Celui-ci, quand il gelait dans sa paroisse, était convaincu qu'il en était de même sur toute la planète.

214
Qui traite son fils délicatement l'embarque sur un vaisseau fragile.

Ce proverbe vient d'Allemagne, pays pas spécialement réputé pour ses qualités maritimes. Mais le vaisseau cité est purement métaphorique, comme les diverses embarcations, symboles du lien entre les générations et des aléas de la vie. La formule veut nous transmettre un principe éducatif : il est bon d'élever ses enfants « à la dure ». Pour les aider à affronter les périls qui les attendent, il faut, par la rudesse de l'éducation, avoir développé leur endurance. Une réponse au « cocooning » en vogue à notre époque de surprotection. Pour se débrouiller dans la vie, le petit d'homme doit avoir été préparé à l'épreuve. Les parents de Jacques Vingtras, le double de Jules Vallès (*L'Enfant*), sa mère en particulier, sont convaincus des vertus de la taloche. Le père de Montaigne, en revanche, faisait éveiller son fils au son de l'épinette. Ce qui n'a pas empêché l'auteur des *Essais* de mener une vie de sage et de rédiger quelques beaux chapitres sur l'éducation dans lesquels il prône la bienveillance et le respect de l'enfant (« De l'institution des enfants », I, 14).

215
Celui qui naît optimiste est son propre médecin.

Chacun de nous a un tempérament et une histoire. Pour ce qui est de l'histoire, un événement grave peut briser une vie. Cependant, on constate que, face à un même traumatisme, les réactions peuvent être très différentes. Le mot « résilience » est récemment entré dans l'usage grâce aux livres de Boris Cyrulnik. Il désigne l'aptitude à « digérer » ce qui pourrait détruire. Cette façon de surmonter une crise, et de résister à la dépression qui pourrait en résulter, est parfois aidée par un encadrement psychologique. Le rôle du tempérament, pourtant, fait beaucoup. On rencontre des êtres qui donnent le sentiment d'avoir en eux un moteur infatigable alors que, chez d'autres, la machine est détériorée ou carrément hors d'usage. Sans aller jusqu'à des situations limites, tout le monde sait combien sont imbriqués, en matière de santé, le corps et l'esprit et combien celui qui est perturbé sur le plan psychologique « somatise ».

216

Celui qui pose une question risque cinq minutes d'avoir l'air bête. Celui qui ne pose pas de question restera bête toute sa vie.

Ce proverbe chinois mériterait d'être inscrit en lettres d'or dans les salles de classes de nos établissements d'enseignement. L'élève timide y puiserait un encouragement à interroger le maître pour se faire éclaircir les points obscurs de la leçon. Le ricaneur en apprendrait le respect à l'égard de ses camarades hésitants. Le surdoué lui-même y trouverait une justification à ses colles embarrassantes adressées au professeur. Il serait imprudent de conclure un peu vite toutefois qu'il suffit de poser des questions pour échapper à la stupidité : nous connaissons personnellement de grands questionneurs qui n'en finissent pas d'être sots. Le duc Gaston de Lévis (1764-1830), qui nous a laissé des *Maximes et réflexions* moins célèbres que celles de La Rochefoucauld, disait quelque chose d'approchant : « Il est encore plus facile de juger de l'esprit d'un homme par ses questions que par ses réponses. »

217

Le poisson pourrit d'abord par la tête.

Dans le dernier article de ses *Mythologies*, Roland Barthes cite ce proverbe grec pour le prêter à la pensée populiste que représentait le petit commerçant et député Pierre Poujade dans les années 1950. La tête, placée « tout en haut du corps, près de la *nue*, loin des *racines* », symbolise l'intellectuel, c'est-à-dire, pour Poujade, le paresseux, l'oisif, le diplômé stérile. Elle s'oppose à la partie virile de l'individu, le corps, les bras, les muscles, instruments physiques du travail concret. Or l'« en haut » est menacé de sclérose, de dégradation, de décadence, de pourrissement. Car l'excès de cérébralité a quelque chose de malsain.
Le proverbe ne s'applique pas aux seuls intellectuels, mais à l'ensemble des élites, et même à la tête de l'État : la partie dominante, loin d'être la plus glorieuse, est la plus susceptible de dépérissement. Alors que les obscurs, les petits échappent à la disgrâce. Un dicton qu'on qualifierait de démagogique.

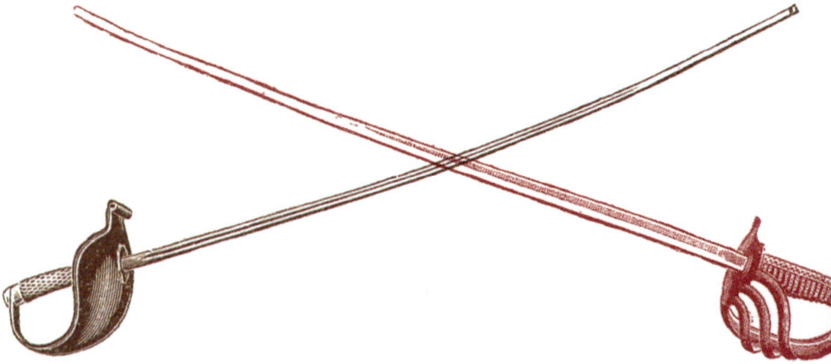

218
À vaillant homme, courte épée.

Quelques connaissances militaires aident à comprendre ce proverbe qui ne s'applique pas aux seuls porteurs d'épée. Les historiens nous apprennent que dans l'Antiquité, à Sparte comme à Rome, de valeureux combattants utilisaient, pour se battre, des épées de petite taille. Ils pouvaient, grâce à elles, frapper plus efficacement l'ennemi tout en montrant, par l'affrontement rapproché, leur absence de peur. Leur qualité de soldat était donc inversement proportionnelle à la taille de leur arme. Il peut en être ainsi pour le travailleur où celui, quel qu'il soit, qui utilise un instrument : son ardeur professionnelle peut compenser la modestie de ses outils. Ou, pour dire les choses autrement, nul besoin de moyens extraordinaires pour réussir une tâche entreprise avec foi ou compétence. Avec une raquette à deux sous, Roger Federer battra toujours un tennisman moyen auquel il aura prêté son propre matériel.

219

Les larmes des pauvres sont semblables à des épées.

Les plus charitables en sont transpercés et réagissent ; les plus indifférents se contentent d'éviter la lame. La métaphore qui donne naissance à ce proverbe venu d'Iran doit stigmatiser la mauvaise conscience des nantis face à la souffrance des plus démunis. Quand le pauvre, figure respectée dans l'univers des proverbes, laisse échapper une larme, forme de plainte silencieuse, celle-ci doit être ressentie comme un reproche voire une blessure par le possédant distrait. L'encouragement à partager son bien est une constante de la sagesse populaire qui a noté que, dans le monde, les pauvres sont plus nombreux que les riches. Et si le miséreux se mêle d'être joyeux, rassurons les riches par ce dicton brésilien : « La joie du pauvre dure peu. »

220
La vertu est belle dans les plus laids, le vice est laid dans les plus beaux.

Le philosophe Vladimir Jankélévitch parle, dans un de ses livres (*Le Pur et l'impur,* 1960), du chiasme des valeurs : ce qui est bon me fait mal (le chocolat, le whisky, la cigarette...), ce qui déplaît me fait du bien (la diète, le jogging, la tempérance...). Le mot « chiasme » est employé en stylistique pour désigner une symétrie croisée où les éléments se répondent deux à deux. Ce proverbe chinois est construit sur une opposition, à propos d'un thème assez classique chez les moralistes (vice/vertu), et sur un chiasme (beau/laid-laid/beau). Il signifie que la beauté morale transfigure un physique ingrat (le Quasimodo d'Hugo dans *Notre-Dame de Paris*), alors que la noirceur d'âme enlaidit le plus bel éphèbe (Dorian Gray, le héros d'Oscar Wilde). Ce principe, sans doute contestable, n'eût pas convenu à la pensée grecque qui associait indissolublement le beau et le bon dans une même notion qui nous est restée sous le nom de *kalos kagathos.* Le dialogue de Platon *Parménide,* dans lequel Socrate s'oppose à Zénon, illustre cette conception.

221
Le cerisier qui fleurit en hiver est un imbécile.

De Chine vient ce proverbe qui attire l'attention sur le fait qu'il faut respecter les conventions régissant la société. Le cerisier qui ne tient pas compte des usages et fleurit à contre-saison ne donnera pas de fruits à cause du gel. Celui qui se moque outrancièrement des convenances risque un sort du même genre. Comme toujours, les proverbes ne peuvent pas entrer dans les nuances. L'anticonformisme systématique est stérile, mais le conformisme poussé à l'extrême l'est tout autant. Point trop n'en faut.

222
Le ciel est bleu pour tout le monde.

Présenté comme venu du Portugal, ce proverbe figure, au moment où nous écrivons, dans toutes les stations de bus et dans les couloirs du métro. Même les publicitaires s'intéressent aux proverbes. Les Latins disaient à peu près la même chose : « Le soleil brille pour tout le monde. » (« *Sol lucet omnibus.* ») Si on en croit le dictionnaire de l'Académie française, la maxime latine signifierait qu'il est des avantages dont chacun a le droit de jouir. L'idée que chacun a droit à une même part de bonheur donne à nos deux sentences une portée quasi révolutionnaire. Le publicitaire joue sur un autre registre, celui du « Vous y avez tous droit ». Où nous glissons d'une société des « droits de » à une société des « droits à ».

223
Un bon proverbe ne frappe pas aux sourcils mais dans les yeux.

C'est l'histoire du serpent qui se mord la queue, l'Ouroboros diraient les pédants. Un proverbe sur les proverbes. Pourquoi pas, puisqu'il y a des proverbes sur tout. Celui-ci a été retenu parce qu'il rappelle la qualité théoriquement essentielle d'une formule proverbiale : sa limpidité. En « frappant les yeux » (et non à côté, ou au-dessus), le dicton atteint la cible, devient immédiatement lumineux, l'œil communiquant directement avec l'esprit. La finalité d'une maxime, c'est bien d'être comprise et, si possible, du premier coup. Et pourtant, ce livre montre que certaines formules résistent, ne se livrent pas tout de suite, demandent à être retournées, passées au sas de la réflexion. Ce ne sont pas là les « sourcils » qui sont visés, mais le cerveau, siège de l'intelligence qui permettra l'interprétation juste. Dans la même catégorie, ce sage conseil, pour éluder les questions embarrassantes : « Quand tu ne sais pas quoi répondre, cite un proverbe chinois. »

224
Au pays des aveugles, les borgnes sont rois.

Voilà un proverbe qui paraît illustrer une vérité d'évidence : parmi des incapables, celui qui fait preuve d'un talent même limité va réussir à faire son chemin avec aisance. En réalité, les choses, souvent, se passent différemment. Le borgne va vouloir réformer, corriger ce qui frappe son regard même diminué. Et très vite, il va indisposer. Au royaume des aveugles, le borgne est, le plus souvent, un emmerdeur.

225

Qui veut noyer son chien l'accuse de la rage.

La rage, dans certaines versions, est remplacée par la gale, autre maladie qui nécessite un remède radical : l'euthanasie. Quand on a décidé d'abattre quelqu'un, y compris un proche, on lui trouve toujours une maladie incurable qui justifie l'élimination. Le proverbe est sans doute ancien, mais sa forme ramassée et rythmée en douze syllabes est due à Molière, dans *Les Femmes savantes.* La situation peut servir d'exemple : la servante Martine, sur le point d'être renvoyée par sa maîtresse Philaminte, se plaint à Chrysale, le mari, d'être victime, sans cause apparente, de l'ingratitude de sa patronne. D'où sa plainte dans son parler populaire :

> Qui veut noyer son chien l'accuse de la rage ;
> Et service d'autrui n'est pas un héritage. (II, 5)

Elle apprendra à la scène suivante qu'elle est coupable d'avoir trahi Vaugelas et d'« offenser la grammaire ». Le deuxième vers sonne également comme un proverbe.

226

Pendant que le chien pisse, le loup s'en va.

Parole de chasseur. Un peu triviale comme il se doit pour des porteurs de fusils. Mais assez parlante. Au milieu de la battue, le chien, auxiliaire indispensable de toute activité cynégétique, doit satisfaire un besoin naturel. Négligeant sa fonction, traquer la bête, il s'arrête contre un arbre et lève la patte pour se soulager. C'est précisément à ce moment que le loup (mais l'histoire ne perd rien de sa valeur avec un sanglier) sort du bois et s'enfuit assez rapidement pour prendre une avance qui ne se rattrapera pas. Rapportée à la vie courante, l'anecdote signifie qu'il est toujours un moment propice à l'action et que tout retard risque d'en compromettre l'issue. On dit encore, dans un sens voisin : « Quand c'est l'heure, c'est l'heure, après l'heure, ce n'est plus l'heure. » Du côté de Monaco, l'image est différente, mais l'idée assez proche : « Sermon et melon, chaque chose a son moment. » Les chiens et les loups sont de grandes vedettes du bestiaire des proverbes.

227

Qui épouse une montagnarde, se marie avec la montagne entière.

Tout individu est constitué d'une nature et d'une histoire. À l'inné de la nature, s'ajoute l'acquis de la culture. Cet acquis n'est pas simplement superposé au tempérament. Il y est incorporé, ce qui a fait dire que la culture est une seconde nature. Les différences entre des personnes issues de cultures différentes ne sont donc pas seulement de surface. C'est pourquoi les mariages « interculturels » sont plus difficiles à réussir que d'autres. Le mari de notre montagnarde a trois possibilités. Il peut épouser la montagne entière et donc s'immerger complètement dans la culture de sa femme. Tout à l'opposé, il peut choisir la rupture complète avec la montagne et faire tout pour en détacher son couple. Le plus souvent, une solution moyenne s'instaure, les différences n'ayant d'ailleurs pas que des inconvénients.

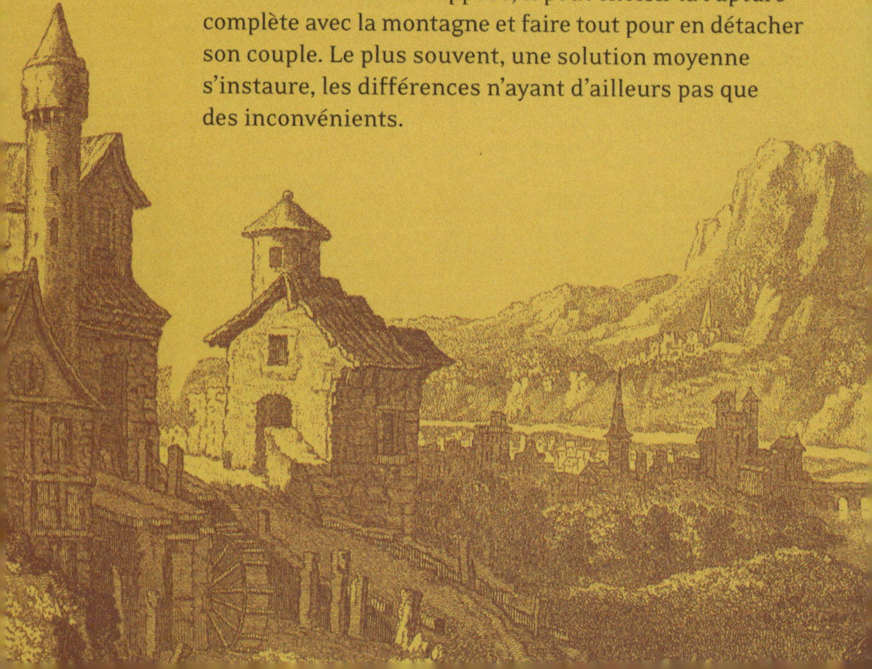

228
On a mille questions à faire sur les roses qui fleurissent en hiver.

Et une question de plus sur les proverbes chinois que l'on ne comprend pas, comme celui-ci. Une fois la perplexité dépassée, cette aberration botanique (une rose en hiver) sur laquelle on n'en finirait pas de s'interroger, semble nous enseigner que les mystères du monde suscitent des questionnements infinis, donc inutiles. Ce qui est vrai, à un niveau supérieur, sur le thème de l'origine de l'homme. Pangloss, le maître de Candide, interroge un philosophe turc : « Maître, nous venons vous prier de nous dire pourquoi un aussi étrange animal que l'homme a été formé. - De quoi te mêles-tu, lui dit le derviche ; est-ce là ton affaire ? » Le curieux insiste : « - Que faut-il donc faire ? dit Pangloss. - Te taire, dit le derviche. » (*Candide*, ch. 30)

229
Quand la neige fond, on découvre le fumier.

Un proverbe qui, parmi beaucoup d'autres, ne cache pas son origine campagnarde. Il fait partie des nombreuses réflexions sur des illusions qui se dissipent. L'idée peut être appliquée à la relation entre deux individus, mais on pense plutôt à la politique et aux lendemains qui déchantent. Pour rester dans le ton, citons cette formule d'Édouard Herriot (1872-1957), radical-socialiste pur jus, maire de Lyon, plusieurs fois président du Conseil : « La politique, c'est comme l'andouillette, ça doit sentir un peu la merde mais pas trop. »

230
Beaux projets et draps neufs rétrécissent à l'usage.

Les proverbes aiment à rendre vivante une idée abstraite en la parant des oripeaux d'une réalité triviale et concrète. Comme dans cette phrase venue du Danemark qui veut souligner la distance qu'il y a entre le projet, ambitieux, et sa réalisation, modeste. Ce « rétrécissement » dû aux circonstances ou, plus souvent, à la versatilité ou à l'impuissance, devient parlant quand on l'assimile à celui de l'étoffe après son premier lavage. On n'est pas loin de notre « montagne qui accouche d'une souris », dicton illustré par La Fontaine qui termine sa fable en évoquant les auteurs qui promettent beaucoup et n'enfantent que... « du vent » (V, 10).

231
Qui ne peut pas dormir, trouve son lit mal fait.

L'adage n'est pas réservé aux insomniaques puisque, comme souvent, il exprime par image une idée à généraliser. Quelle idée ? Face à nos tracas, petits ou grands, nous sommes prompts à trouver des excuses. L'échec, pour le sportif, c'est « la faute à » l'arbitre, pour l'écrivain, à l'incompétence de la critique et pour tous à... pas de chance ou à l'injustice divine. Est-ce à dire que ceux qui dorment bien ne trouvent rien à reprocher à la marche du monde ? Par certains côtés, un proverbe chinois dit la même chose : « Mieux vaut allumer une chandelle que maudire les ténèbres ».

232

Même l'homme le plus fort, le lit le peut vaincre.

Ce proverbe venu d'Afrique et emprunté à la langue mbédé (Gabon) nous exprime la puissance occulte et pernicieuse de la femme quand celle-ci sait utiliser l'arme redoutable de l'amour. Cette arme est ici symbolisée par le lit, lieu de l'alanguissement, de l'abandon, du relâchement où le vaillant guerrier, venu y chercher un salutaire repos, y trouvera sa perte. Ce que n'a pas réussi la flèche de l'ennemi, la caresse de la femme l'obtiendra. La Bible a fourni à l'Occident chrétien quelques figures de séductrices dangereuses dont Dalila reste la plus célèbre. Guidée par les Philistins, elle réussira à rendre vulnérable Samson, protecteur des Israélites, en lui coupant la chevelure. Sous le lit, bien cachés, devaient se trouver des ciseaux. D'où ce vers terrible de Vigny : « Et plus ou moins la femme est toujours Dalila » (« La Colère de Samson », *Les Destinées*).

233
Quand les chauves meurent, les regrets en font des têtes bouclées.

Un homme politique meurt à soixante-cinq ans d'une crise cardiaque. Dans tous les médias, venus de tous les bords politiques, les louanges déferlent. Oui, il pouvait vous envoyer un cendrier à la figure si vous n'étiez pas d'accord avec lui, mais c'était la marque d'une forte personnalité. Oui, il a un peu plombé les finances de la ville dont il a longtemps été maire, mais cela n'a été que la conséquence de sa préoccupation pour le social. La suite à l'avenant. Pendant quelques jours, et de la même façon pour des personnes moins importantes, les torts sont oubliés. « Laissons les morts enterrer les morts », dit-on sans trop savoir ce que cela signifie. On pardonne tout à celui qui est devenu inoffensif. Mais, imaginons tous ces laudateurs réunis dans une salle et que celui que tout le monde croit mort pousse la porte. En seraient-ils vraiment heureux ? Le concert de louanges est une façon de tirer un trait.

234
La guenon ne trouve jamais son petit laid.

Ce proverbe antillais (« *Macaque pas qu'a trouvé ti iche li* ») a de nombreux équivalents. Les Arabes disent : « Le singe qui se regarde dans un miroir se voit gazelle. » Et les Kurdes : « Nul ne dit que son petit-lait est aigre. » Pour montrer le caractère relatif du jugement esthétique, Voltaire assurait que le beau pour le crapaud, c'est sa crapaude, quand le proverbe antillais moque plutôt la tendance à mettre sa progéniture au-dessus de tout. « L'amour est aveugle », dit-on encore.

235
On n'apprend pas à un vieux singe à faire des grimaces.

Les Anglais disent que l'on n'apprend pas de nouvelles ruses à un vieux chien. En Afrique, le singe se spécifie, mais l'idée de l'âge se retrouve : « On n'apprend pas son chemin à un vieux gorille. » L'idée toute simple se situe à l'antipode de ce que disent d'autres proverbes, dont celui qui fait savoir que l'expérience est un peigne pour les chauves. Ce proverbe est souvent employé par celui qui veut signifier à son interlocuteur qu'il a un peu sous-estimé son aptitude à envisager la situation.

236

L’absence augmente la réputation.

Un proverbe espagnol qui va dans le sens de la discrétion et pourrait répondre au bien connu, et souvent vrai, « Les absents ont toujours tort ». Dans le même sens, on trouve chez Sénèque cette belle sentence : « Quand le soleil s’éclipse, on en voit la grandeur. » Pour nous dire qu’il faut parfois être économe de sa présence, ne pas se montrer, se laisser désirer. À trop s’afficher sur le petit écran, un chef d’État, un homme politique ou un acteur pourrait engendrer la saturation. La phrase peut se comprendre de manière plus radicale : l’absence définitive (la mort) transfigure l’image du défunt, paré, à titre posthume, de toutes les qualités. Le mot « réputation », qui renvoie à un statut social, nous fait pencher toutefois pour la version anthume : on gagne en prestige à ne pas être là. Discutable.

237

Les absents ont toujours tort.

Commençons par faire érudit en rappelant l'ancêtre latin de ce proverbe : « *Tarde venientibus ossa* », littéralement : « Aux retardataires ne restent que les os. » Ce détour est utile pour comprendre le premier sens de la formule : ne pas être là au moment du repas conduit à jeûner. À des époques où la préoccupation essentielle consistait à assurer sa nourriture, être présent à table sauvait de la famine. La portée de la phrase s'est aujourd'hui étendue à d'autres situations – un colloque, une réunion, une concertation pour lesquels l'absent ne peut alléguer son absence comme excuse. S'il est oublié dans la distribution des récompenses, s'il est accablé dans l'attribution des corvées, il ne doit s'en prendre qu'à lui-même et à cette impolitesse insigne : ne pas avoir été là au bon moment. Destouches (XVIIIe siècle), dans une comédie oubliée (*L'Obstacle imprévu*), reprend telle quelle la formule (I, 6).

238

Le caractère de l'homme apparaît en voyage.

Nous vivons aidés, et parfois sclérosés, par tout un réseau d'habitudes. Le mérite, mais aussi le risque, du voyage sont de nous extraire plus ou moins de ces habitudes. Il faut là bien distinguer, après Dominique Noguez, le touriste du voyageur. Le touriste veut le moins possible modifier son mode de vie : il se déplace en groupe, est ravi dès qu'il rencontre des compatriotes, se trouve dans le milieu qu'il visite comme un cheveu sur la soupe. Le voyageur « n'aspire qu'à une chose : passer inaperçu, disparaître dans le paysage, devenir une sorte de double discret et attentif, fervent, des habitants du lieu » (*Derniers Voyages en France,* Champ Vallon, 1994, p. 9). Le voyage révèle si, dans la vie, vous vous rangez plutôt du côté du premier type ou du second.

239
Tous les chemins mènent à Rome.

Les Catalans disent la même chose avec une nuance : « *Qui llengua ha, a Roma va* », ce qui se traduit par « Qui a une langue, va à Rome » et montre qu'il suffit de savoir parler pour trouver son chemin. Notre version nationale se contente de rassurer les égarés en leur indiquant qu'ils arriveront toujours quelque part et, ultime réconfort, dans un lieu chrétien : à Rome, où réside le pape. Plus scientifique et plus païen, Léon Bloy définit ainsi le proverbe : « Argument invincible en faveur de la rotondité de notre planète. » Un proverbe copernicien en somme. Mais l'exégète des lieux communs ajoute avec humour : « Impossible d'échapper à ce terminus. » Rome connaît la faveur des proverbes : « Si cela arrive, je l'irai dire à Rome » (pour quelque chose qui n'arrivera jamais) ; « Qui bête va à Rome, tel en retourne » (la Ville sainte ne fait pas de miracles) ; « Rome ne s'est pas faite en un jour » (invitation à la patience). La phrase existe avec Paris qui « n'a pas été bâti en un jour ». Notre vanité est sauve.

240
Celui qui est destiné à mourir noyé ne mourra pas pendu.

Des proverbes de ce type se rencontrent dans toutes les cultures. L'idée est celle de l'inéluctabilité du destin. La Fontaine s'arrête sur ce thème dans l'une de ses fables (*L'Horoscope,* XIII, 16). Il y raconte deux histoires allant dans ce sens dont la plus connue est la seconde. Un oracle avait prédit à un Grec qu'il serait tué par la chute d'un toit. Le Grec quitta donc la ville et les toits pour vivre en plein champ. Mais un aigle qui le survolait portait dans ses serres une tortue, qu'il lâcha. La carapace de l'animal - son toit donc - heurta le crâne de celui qui avait cru pouvoir échapper à son destin et le tua. Remarquons que La Fontaine ne croit ni aux horoscopes, ni à ce type de prédestination. La fable se termine ainsi :

Tout aveugle et menteur qu'est cet art,
Il peut frapper au but une fois entre mille.
Ce sont des effets du hasard.

241
Avec un mot, on peut pendre un homme.

Nous devons ce proverbe à Pierre DesRuisseaux, auteur d'un *Dictionnaire des proverbes, dictons et adages québécois* (Bibliothèque québécoise, 2009). Avec un mot, on peut perdre un homme ou le pendre. « Coup de langue est pire que coup de lance », dit le même ouvrage. Nous sommes ici dans un monde familier à l'amateur de proverbes : celui de la parole trop vite partie. Victor Hugo a écrit, dans *Toute la Lyre,* un joli poème sur la question. Il prévient les jeunes gens de se montrer prudents. Un mot a été murmuré dans un souterrain, mais, à peine dit, il s'échappe, parcourt les rues, les escaliers et arrive à l'oreille de la personne concernée. Et c'est fait, vous avez un ennemi mortel.

242
Les dés des dieux tombent toujours bien.

Il s'agit d'une phrase du grand dramaturge grec Sophocle (v. 495-406 av. J.-C.) qui s'y connaissait en matière de destin puisqu'il a consacré plusieurs pièces à la plus célèbre et légendaire victime des dieux, le malheureux Œdipe. L'idée exprimée par la maxime est que ceux dont la fonction est de régler le sort des hommes (les dieux - on dira plustard la Providence) savent très bien ce qu'ils font, jouent intelligemment et empochent systématiquement la mise. Ainsi, on n'échappe pas à son destin : « Va où tu veux, meurs où tu dois », dit une pensée du XVe siècle. La Fontaine développe l'idée dans une longue fable, *L'Horoscope* (VIII, 16), qui s'ouvre par cette mise en garde :

On rencontre sa destinée
Souvent par des chemins qu'on prend pour l'éviter.

Einstein s'est sans doute souvenu du dicton quand il a déclaré : « Dieu ne joue pas aux dés. ». Cette dernière formule a été choisie par Henri Laborit pour un essai de 1987.

243
Parler taureaux, ce n'est pas être dans l'arène.

Un proverbe sur l'opposition entre la parole et l'action dont il n'est pas utile de préciser d'où il vient. Viennet (1777-1868), un académicien quelque peu oublié, a dit la chose en vers :

> Le monde est plein de gens qui parlant sans vergogne
> Font plus de bruit que de besogne.

La parole peut être action, mais, le plus souvent, les causeurs ne sont pas les faiseurs. La tendance à donner des conseils est ce qu'il y a de plus indéracinable dans l'homme. C'est pourquoi, en France, il y a presque autant d'entraîneurs d'équipe de football que d'habitants. Pourtant, parler football, ce n'est pas comme être sur le terrain ou même sur le banc de touche.

244

Le lionceau meurt, plutôt que de manger des mouches.

Proverbe qui mérite une explication. Le lion, roi des animaux, selon La Fontaine, et donc représentant symbolique de toutes les têtes couronnées, de même que sa descendance, élevée dans le respect des règles liées à la fonction, ne peut s'abaisser à des actions manquant de noblesse comme celle, symbolique toujours, qui consisterait à absorber une nourriture vile, le plus ordinaire des insectes, la mouche. Érigée en vérité générale, la phrase souligne les devoirs des grands, l'exigence, pour eux, de conserver leur rang et de renoncer aux actes indignes ou dégradants. Une expression lapidaire confirme cette règle : « Noblesse oblige. » La formule sert de titre à la version française d'un film anglais tourné par Robert Hamer en 1949, *Kind Hearts and Coronets.* Alec Guinness, qui interprète huit personnages, y est étourdissant.

245
Le sage parle des idées, l'intelligent des faits, le vulgaire de ce qu'il mange.

« Dis-moi de quoi tu parles, je te dirai qui tu es », semble dire ce proverbe chinois. Il laisse quelque peu perplexe. Peut-on parler des idées sans les rattacher aux faits, des faits indépendamment des idées ? Par ailleurs, il se trouve des chroniqueurs gastronomiques qui parlent fort bien de ce qu'ils mangent. Le proverbe semble porter surtout sur les différences d'altitude en matière de conversation. Le sage, notre philosophe, ne se situe pas en dehors des faits, mais quelque peu au-dessus. Il surplombe. L'« intelligent » est l'homme pratique qui résout des problèmes. Le vulgaire est celui qui reste au ras du sol, incapable de se détacher des préoccupations immédiates. Nous serions tentés de proposer une autre version. Le philosophe parle de la vie, le commun d'efficacité, le vulgaire de ses appétits ou de ses maladies.

246
Le sel de lui-même ne dit pas qu'il est salé.

Comment dire mieux que ce proverbe venu d'Afrique ? Si j'ai des qualités, je n'ai pas besoin d'en faire montre. Elles ressortiront d'elles-mêmes. Nous sommes en présence d'une variante du proverbe « La bonne marchandise n'a pas besoin d'être vantée ».
Mais il s'agit du cas particulier où la personne se vante elle-même. Chacun de nous, poussé par la vanité, tend à vouloir faire son intéressant, à se dire le premier en tout. Le sage ne prétend pas détruire ce penchant, mais seulement l'atténuer. Ce qui n'est pas toujours facile. Il est des façons de se situer en retrait qui sont une manière de se mettre en avant. Le fait de s'auto-encenser traduit souvent l'inquiétude du faraud quant à sa valeur justement, et l'autosatisfaction est la première marche vers la médiocrité.

247
Le sage doit garder un vice pour ses vieux jours.

L'idéal est de rajeunir en prenant de l'âge, du moins pour ce qui est de l'esprit. Mais de là à garder un vice ? Si, dans ce proverbe chinois, on prend le mot « vice » dans un sens large de « préoccupation qui l'emporte sur tout », « centre d'intérêt très fort », il est difficile de ne pas approuver. Tant qu'il reste un chercheur, une conscience tendue vers un projet, l'homme âgé, même quand l'enveloppe se délite, reste vivant. Cette tension est de plus un facteur de longévité.

248
Autres temps, autres mœurs.

Constat plutôt banal. Mais les proverbes, souvent, traduisent des évidences. Les changements d'époque supposent des modifications de comportement. Ce qui était acceptable ou normal pour nos grands-parents paraîtra dépassé pour notre temps - comme seront obsolètes nos conduites pour les futures générations. On ne s'éclaire plus à la lampe à pétrole, on n'emprisonne plus les homosexuels, du moins en terre civilisée, et la virginité n'est plus une condition du mariage. Exemples non limitatifs. Et pourtant, les philosophes s'interrogent sur la permanence de la morale. N'y aurait-il pas, comme l'a expliqué Kant, une universalité (et donc une intemporalité) des règles éthiques qui régissent les comportements sociaux ? « *Ô tempore, ô mores...* » disaient les Romains pour exprimer la même idée.

249

Bien des gens sont comme ces horloges qui indiquent une heure et en sonnent une autre.

L'être humain aspire à la cohérence, mais il vit dans la contradiction. Aucun n'y échappe tout à fait. Chez certains, pourtant, le phénomène est singulièrement marqué. C'est sans doute à ces derniers que se réfère ce proverbe danois : ceux qui changent d'idée comme de chemise ; qui disent une chose et en font une autre. Camus voyait là l'origine de la création romanesque. Le romancier donne à ses personnages l'unité que sa vie et nos existences n'ont pas. Ne nous désolons cependant pas trop de nos manquements à la logique. S'il pouvait s'en trouver une, une personne parfaitement cohérente serait sûrement insupportable.

250
C'est tentation par-derrière et repentance par-devant.

Ne pas se contenter d'examiner les choses et les gens de dos. Une femme, par exemple ; vue de derrière, elle peut offrir une silhouette élégante et chargée de promesses. Le côté pile, hélas, révélera un laideron. L'idée peut s'appliquer à la présentation flatteuse d'un objet ou d'un bien qui contient, l'observation le montrera, un vice caché. Le mot « repentance » aujourd'hui vieilli, signifie « regret de ses fautes ». Le mot « tentation » est sans ambiguïté. Les Anglais disent : « Bonne est la repentance, mais pas tant que l'innocence. » Dans notre cas, l'innocent se fût épargné une fâcheuse déception.

251
Tel est pris qui croyait prendre.

Un incontournable de la sagesse des nations prompte à venger les victimes. L'arroseur est arrosé, le trompeur trompé, le tyran tyrannisé. Un piège, un stratagème, un plan perfide se retournent contre leur instigateur surpris de retrouver chez l'autre des ruses qu'il croyait à lui réservées. La Fontaine, sur ce thème, a brodé quelques belles fables, comme la très célèbre *Le Renard et la Cigogne* (I, 18) où le « vase au long col » répond au brouet « servi sur une assiette ». Moins connues : *L'Enfouisseur et son compère* (X, 4) et *Le Coq et le Renard* (II, 15) dont le dernier vers résume la situation : « Car c'est double plaisir de tromper le trompeur. » Ne pas oublier non plus le modèle médiéval : *La Farce de Maître Pathelin.*
Et une autre version du proverbe : « À malin, malin et demi. »

252

Le dard du mépris perce l'écaille de la tortue.

La formule nous vient d'Inde et montre la force venimeuse d'une parole ou d'une attitude méprisantes : la carapace de la tortue n'y résiste pas. On a beau se montrer indifférent, l'opinion d'autrui, surtout malveillante, finit toujours par nous toucher. Marque de faiblesse si l'on en croit Vauvenargues : « Nous n'avons pas assez d'amour-propre pour dédaigner le mépris d'autrui. » (*Réflexions et maximes*, 549) Le mépris, dans notre exemple, est subi ; il peut être aussi prodigué, et constituerait dans ce cas « la forme la plus subtile de la vengeance » (Balthasar Gracián, *Oracle manuel*, 205). Surtout s'il se manifeste par un silence hautain : « Il n'est réplique si piquante que le mépris silencieux. » (Montaigne, *Essais*, II, 31)

253
Qui sème le vent récolte la tempête.

Les travaux de la terre rythmaient la vie d'antan et parlaient aux anciens. Il n'est pas question, ici, de vraies semailles ni de véritables moissons, mais plutôt de la conséquence de nos actes. En créant une situation troublée, on produit des effets désastreux. La cause est simplement fâcheuse ; le résultat catastrophique. Nous sommes responsables du déclenchement de certains drames quand nous avons nous-mêmes amorcé le conflit. La phrase résonne comme une sentence biblique, peut-être à cause du courroux de Dieu, du Déluge et des plaies d'Égypte. Elle est pourtant bien païenne, encore qu'il puisse y avoir un peu de colère divine dans la surenchère du châtiment.

254
Même la gloire du fleuve s'achève dans la mer.

« Tout va sous terre et rentre dans le jeu ! » dit magnifiquement Paul Valéry dans *Le Cimetière marin.* Il pense aux joies de ce monde :

Les cris aigus des filles chatouillées,
Les yeux, les dents, les paupières mouillées,
Le sein charmant qui joue avec le feu,
Le sang qui brille aux lèvres qui se rendent
Les derniers dons, les doigts qui les défendent...

Le proverbe se rapporte plutôt aux rêves de puissance, de grandeur, à l'ambition. On aimerait parfois donner un conseil de ce genre à ceux qui s'époumonent pour monter d'un cran. Vaine tentative. Ils n'écoutent pas ou ne veulent pas entendre. Parce qu'ils croient savoir ce qu'ils cherchent et ignorent ce qu'ils fuient.

255
Fais le bien et jette-le dans la mer.

L'idée exprimée par ce proverbe est qu'il faut faire le bien sans publicité et sans le moindre espoir de reconnaissance. Rien de plus odieux, en effet, que les personnes qui rappellent leurs bienfaits. Pour ce qui est de la discrétion, Maïmonide, rabbin de grande culture qui vivait à Cordoue au XIIe siècle, estimait que, pour être vraiment pur, l'acte charitable devait être ignoré de l'entourage et même, pour sa source, du destinataire. Les Turcs disent : « Fais le bien et jette-le à la mer ; si les poissons l'ignorent, Dieu le saura. » Dans ce cas, la notion d'une charité vraiment désintéressée disparaît.

256
L'occasion fait le larron.

Le mot « larron » est aujourd'hui sorti de l'usage, sauf pour donner un tour archaïque à son propos. Il vient du latin *latro* au sens de « voleur », « brigand », et l'italien moderne emploie toujours, dans ce sens, le mot *ladro.* Sur le Golgotha, Jésus est crucifié entre deux larrons dont l'un, qu'on nommera le « bon larron », se repent (Luc, 23-29). Bien que ce personnage soit malhonnête, le proverbe qui le met en scène n'est pas totalement négatif. Il veut justifier l'opportunisme, le sens de l'adaptation, la non-préméditation, l'art de profiter des circonstances. La formule s'applique au malin qui, animé d'une réactivité suffisante, saura tirer profit d'une situation qu'il n'a pas provoquée lui-même. Dérober un objet, s'emparer indûment d'un poste, réussir une entreprise douteuse sans l'avoir calculé, simplement parce que la chose est offerte. Le « larron » est alors excusable. Mieux, il est enviable. Servi par la chance qu'il a su saisir. Même si le soupçon de truanderie plane toujours. Le désaveu est plus net dans cet autre dicton où l'on sent venir le mauvais coup projeté par deux complices : « S'entendre comme deux larrons en foire. »

257

Les petits voleurs sont pendus. Devant les grands voleurs, on enlève son chapeau.

Le proverbe est allemand, mais la vérité qu'il énonce est universelle. Montesquieu trouvait admirable la sagesse des Chinois pour qui les lois sont des filets qui enserrent les petits poissons, mais que les gros déchirent. « Où la guêpe est passée, le moucheron demeure. » Inutile de s'attarder. Les exemples ne manquent pas, même si la presse, plus soucieuse de nous former que de nous informer, fait preuve d'une certaine discrétion sur ces questions.

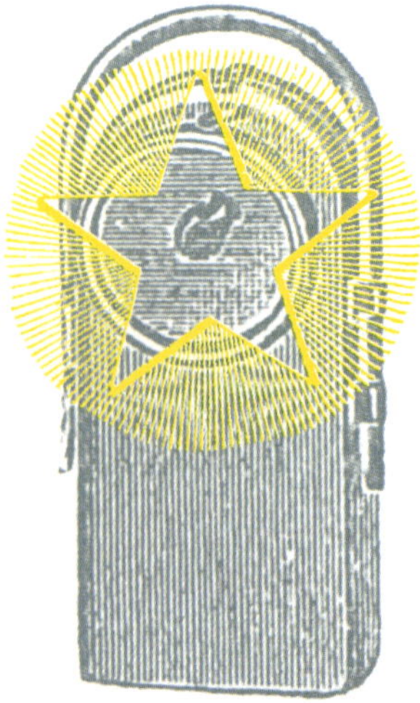

258

De la discussion jaillit la lumière.

De même que l'étincelle jaillit du choc de deux morceaux de silex, de même des idées peuvent naître de la rencontre des consciences. Il faut bien sûr qu'il s'agisse d'une vraie conversation ou d'un véritable débat. Un échange au cours duquel chacun cherche non pas à briller mais à trouver la lumière. Stendhal faisait remarquer que, dans les mauvaises conversations, on répète et que, dans les bonnes, on invente. Si bien que, dans le feu de la discussion, d'une manière paradoxale, on en vient à trouver en soi, non seulement des choses nouvelles pour les autres mais aussi pour soi-même. Répétons-le, il est nécessaire qu'il s'agisse d'un réel échange. Certaines personnes ont pour principale préoccupation d'écraser l'interlocuteur de leur superbe. Sans compter les fanatiques qui, par définition, ne discutent pas.
C'est sans doute en pensant à des situations de ce type que Jules Renard a écrit dans son *Journal* (6 août 1906) : « De la discussion jaillit le sang. »

259
Si tu ne peux être une étoile au firmament, sois une lampe à la maison.

Il y a ce dont on rêve (être un artiste, un champion, un savant, une hôtesse de l'air…) et ce que l'on est (un individu bien ordinaire). De l'un à l'autre, l'écart est parfois grand, mais il est vain de s'en désoler. L'absolu, l'« inaccessible étoile », comme le chante l'Homme de la Manche de Brel, est, par définition, hors de portée. Contentons-nous d'un héroïsme modeste qui se limite à accomplir la fonction à laquelle le sort nous a voués. Non pas rayonner sur le monde comme un astre incandescent, mais éclairer durablement l'espace domestique. À tous ceux qui se fixent des objectifs extravagants, ce proverbe africain enseigne l'humilité.

260
L'exercice fait le maître.

Un humoriste a dit que ceux qui savent faire font, que ceux qui ne savent pas faire enseignent, et que ceux qui ne savent pas enseigner inspectent. Caricature bien sûr. Au passage, savoir faire n'implique pas que l'on sache enseigner. Les spécialistes sont rarement de bons vulgarisateurs. Il n'en reste pas moins que la meilleure façon d'apprendre est de faire, d'où la plus grande importance des stages dans la formation. Balzac disait que le peintre ne doit méditer que les pinceaux à la main. Dans l'atelier de lithographie de Fernand Mourlot, on prétendait que n'importe quel apprenti qui aurait fait ce que faisait Picasso aurait été renvoyé. Parce que ce dernier ne cessait de tenter des choses nouvelles. « C'est en forgeant qu'on devient forgeron. »

261
On n'est jamais si bien servi que par soi-même.

Ce proverbe est souvent employé sur le mode ironique en direction d'une personne qui s'est servie en s'attribuant ce qui ne lui revenait pas. Il est possible de rencontrer des emplois moins défavorables selon lesquels il faut surtout compter sur ses propres forces. Pas très loin, finalement, du « Aide-toi, le ciel t'aidera ». À noter que si la méfiance à l'égard d'autrui est un thème récurrent de la sagesse populaire, on y trouve, à part égale, l'accent mis sur l'importance que peuvent avoir de vrais amis.

262
Le peuple est difficile à gouverner quand il est trop savant.

Voltaire pensait dans le même sens que ce proverbe chinois. Pour lui, si l'on apprenait à lire et à écrire aux laboureurs, ils ne voudraient plus travailler la terre. Et si, de plus, l'instruction les amenait à douter de l'enfer, libérés de la peur, ils deviendraient ingouvernables. Les administrateurs coloniaux ont souvent partagé ce sentiment. Ces idées vont évidemment à l'encontre des présupposés de nos sociétés démocratiques. Nous avons tendance à penser que l'efficacité économique est directement tributaire du niveau d'éducation de la population et la résolution des conflits par la négociation un facteur de paix sociale. Ouvrez une école, vous fermez une prison, disait Hugo.

263
Par la rue « Plus tard », on arrive à la place « Jamais ».

D'une façon amusante, ce proverbe attire l'attention sur les dangers de la procrastination. Cette dernière, comme on le sait ou comme on ne le sait pas, est la tendance à remettre au lendemain. Proust, dans *À la recherche du temps perdu,* affecte Swann de cette regrettable tendance. La sagesse populaire dit la même chose d'une façon plus banale : « Ne remets jamais à demain ce que tu peux faire le jour même. » Vérité de bon sens, mais qui peut être nuancée. Il arrive souvent que nous remettions à plus tard, non par simple flemme, mais parce que nous ressentons - plus ou moins consciemment - le besoin d'une maturation. Les Espagnols disent : « Demain est souvent le jour le plus chargé de la semaine. » En modifiant un peu un proverbe anglais, il serait possible de proposer : « Le livre des “plus tard” est un fort gros volume. » Alphonse Allais prend le contre-pied de cette sagesse : « Ne remets pas à demain... ce que tu peux faire après-demain. » Un refrain provençal nous rappelle avec humour ce prétendu défaut méridional : « Aujourd'hui peut-être, ou alors demain... »

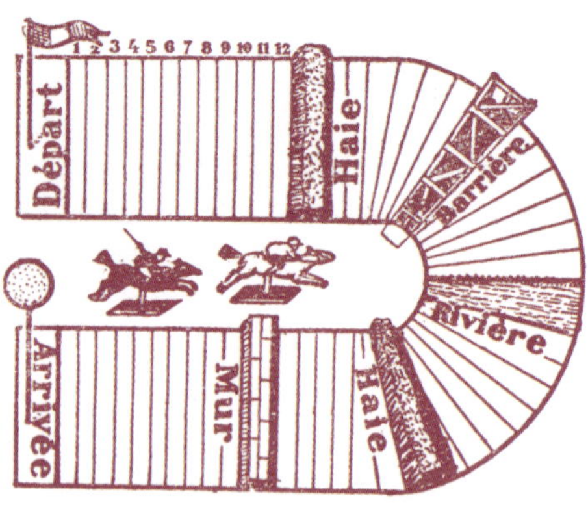

264
Un tiens vaut mieux que deux tu l'auras.

Toujours cette prudence rurale dans la pensée proverbiale. Au paysan rusé, on n'en compte pas. Notre proverbe conseillera donc de préférer l'acquis, fût-il modeste, à la promesse, même alléchante. Le premier est réel, concret, tangible ; la seconde est virtuelle et, souvent, illusoire. La Fontaine a construit une jolie fable pour illustrer le sujet, *Le Petit Poisson et le Pêcheur* (V, 3), qui s'achève par cette très explicite moralité :

> Un tiens vaut, ce dit-on, mieux que deux tu l'auras ;
> L'un est sûr, l'autre ne l'est pas.

Le héron d'une autre fable s'est montré moins avisé [VII, 4]. Un autre proverbe confirme cette sagesse rustique qui oppose la possession à l'espérance : « Il vaut mieux tenir que courir. » L'Antiquité nous proposait une version imagée : « Il vaut mieux avoir l'œuf aujourd'hui que la poule demain. » Les Anglais ont conservé le registre animal quand ils disent : « *A bird in the hand is worth two in the bush.* » (« Un oiseau dans la main vaut mieux que deux dans le buisson. »)

265
Le soleil n'échauffe que ce qu'il voit.

On dit parfois, dans un sens voisin : « Il faut être près du Bon Dieu. » Estimant par là que la proximité avec l'organe de décision m'apportera des avantages ou au moins une juste reconnaissance de mes mérites. La métaphore du soleil nous conduit à évoquer inévitablement celui de nos rois qui avait choisi cet astre comme emblème, Louis XIV. S'approcher du monarque, se trouver sur son passage, assister à son coucher ou à son lever procuraient au courtisan une familiarité qui se traduisait souvent par des largesses ou des gratifications. Ceux qui boudaient Versailles étaient ignorés du roi et privés de ses faveurs. À chacun de savoir où se situe pour lui le soleil. À l'Élysée ? Au siège de l'entreprise ? À la rédaction du journal ? Au bureau du patron ? Les ambitieux sauront choisir. Pour eux, nous disposons encore de cet autre dicton, applicable aussi à la vie sentimentale : « Loin des yeux, loin du cœur. »

266
Tout ce qui brille n’est pas or.

Léon Bloy commente ainsi : « Au fond, ce lieu commun n’est, ainsi que tant d’autres, qu’une façon quelconque d’exprimer la divinité incommunicable de l’argent. » Faire de l’or un dieu n’est pas chose nouvelle ; ce proverbe n’est pas celui qui y tend le plus, même s’il accorde implicitement du prix au métal jaune - et à ses substituts. Il veut surtout nous préserver des illusions et nous mettre en garde contre l’apparence : le scintillement d’un objet (mais aussi d’une personne, d’un lieu, d’une idée) ne préjuge en rien de son prix réel. Seuls les naïfs sont sensibles à ce chatoiement destiné à éblouir. Bien d’autres proverbes répètent le même message. Une autre version se rencontre : « Ce n’est pas tout or ce qui luit, ni farine ce qui blanchit. » Et, en Russie, on inverse la métaphore : « Le savon est gris, mais il lave blanc. » Celui d’Alep est plutôt vert.

267

Un homme seul est soit un saint, soit un démon.

Ce proverbe figure dans *Anatomie de la mélancolie* de Robert Burton. Nous sommes en présence d'une réflexion qui frappe par sa formulation, mais dont le sens n'est pas immédiatement perceptible. On pense à Valéry disant que l'homme seul est toujours en mauvaise compagnie, mais sans être avancé pour autant. L'avis de Dieu, au début de la Bible, selon lequel il n'est pas bon que l'homme soir seul, est connu. Le fait qu'il ait créé la femme pour y remédier n'est pas tout à fait convaincant. L'homme seul est-il un démon parce que personne n'est là pour le contrôler ? Est-il un saint parce qu'il n'a pas besoin d'être contrôlé ? En fait, l'homme n'est jamais seul. Le démon a besoin de complices. On imagine mal un saint indifférent au sort de ses frères. Il faut seulement distinguer des solitudes relatives, la solitude subie de l'isolé et la solitude choisie du solitaire.

268

Autant de têtes, autant d'avis.

Sur le consensus impossible. Proverbe très clair, sans mystère, apparemment incontestable. Les « têtes » en question peuvent être des personnes prises individuellement, comme quand on dit : « Le repas revient à 20 euros par tête. » Mais on peut comprendre aussi les « têtes pensantes », la tête étant le lieu de la réflexion, de l'esprit, du raisonnement. Ce qui se retrouve dans cet autre dicton : « Grosse tête, peu de sens. » Dans les deux cas, l'idée est que l'opinion, le jugement peut varier d'une personne à l'autre, d'une conscience à l'autre. Le constat exprimé par ce proverbe n'est pas aussi absolu qu'il y paraît : la solution serait-elle de n'écouter aucun avis ? Ou de donner priorité au plus éloquent (ou au dernier qui a parlé) ? Des avis émanant de personnes différentes ne peuvent-ils pas converger pour indiquer la voie à suivre ? S'autoriser de cet adage pour refuser d'écouter les conseilleurs est une façon de justifier l'arbitraire, le caprice et, finalement, l'erreur. Voir sur la question : La Fontaine, *Le Meunier, son Fils et l'Âne* (III, 1).

269
La musique adoucit les mœurs.

Clemenceau disait de la musique militaire qu'elle était à la musique ce qu'est la justice militaire à la justice. Propos un peu injustes pour la musique militaire où se trouvent de belles choses. Il est certain, en tout cas, qu'elle n'a jamais eu pour objectif d'adoucir les mœurs, mais, tout au contraire, celui de galvaniser les énergies meurtrières. Avec cette formule, ne serait-on pas en présence d'une banalité sans fondements ? On comptait de nombreux mélomanes parmi les responsables des camps de concentration. Le peuple allemand, si riche en musiciens de génie et en amateurs, dans le bon sens du terme, ne s'en est pas moins laissé embarquer dans un délire et des mœurs pas vraiment douces. La musique peut apporter des moments de communion à un groupe et donc de bonheur. Elle peut donner le sentiment du divin même à des athées. Mais de là à transformer en profondeur les mœurs d'un peuple, il y aurait à dire.

270
Les extrêmes se touchent.

Une démonstration mathématique s'avérerait difficile pour ce proverbe qui semble encourager, en définitive, à éviter les excès. En quoi la très grande richesse peut-elle être rapprochée de la grande pauvreté ? Par l'excès, si l'on rapproche l'extrême avarice de la prodigalité exagérée. Dans les deux cas, on outrepasse les limites du raisonnable. Dans le domaine du sentiment, le principe est plus défendable : la haine, dit-on, n'est pas très éloignée de l'amour ; la colère, de la soumission. Léon Bloy propose un exemple assez peu élégant : « Vous pouvez, madame, écrit-il, être à la fois extrêmement belle et extrêmement stupide. » Et il poursuit en citant des comportements qui passent... d'un extrême à l'autre : l'écrivain médiocre qui se révèle homme de génie, l'académicien qui n'écrit que des platitudes, l'homme politique respecté qui devient « un Aristide » (*sic*).
Le sens du proverbe s'en trouve déformé. La réponse aux extrêmes ? Le juste milieu : apanage prudent des bourgeois, dit encore Bloy (*Exégèse des lieux communs*).

271
Le papier souffre tout et ne rougit de rien.

Belle et élégante formule, sans doute un peu énigmatique. Le verbe « souffrir » est ici employé dans le sens ancien de « supporter », « accepter » : « Souffrez que je vous pose une question... » Ce qui permettra d'interpréter le proverbe de cette façon : la feuille de papier sur laquelle on écrit accepte de recevoir des textes de différente nature, même les plus tendancieux. Car elle est dépourvue de discernement, de sens moral, et traite de la même manière vérités et fariboles. On ne peut donc lui faire confiance. Ce qui revient à cette autre idée : un papier écrit ne constitue pas une garantie. Notre proverbe va donc à l'encontre de ceux, plus nombreux, qui sacralisent la chose écrite. Par exemple : « Les paroles s'en vont, les écrits restent » (et sa version latine : « *verba volant, scripta manent* ») ; ou « Papier parle quand gens se taisent » ; et la phrase de Pilate citée dans l'Évangile de Jean : « Ce qui est écrit est écrit » (19, 22). Vaste débat sur les mérites comparés de la parole (prévalente dans les sociétés primitives) et de l'écrit (critère de civilisation).

272
Un coq ébouriffé se plume sans peine.

Cette maxime birmane nous permet de rendre hommage à un animal apprécié des proverbes, le coq, métaphore du mari, la poule figurant bien évidemment l'épouse. Ainsi dans ce dicton français présent aussi dans d'autres pays : « Le ménage va mal quand la poule chante plus haut que le coq. » Les Birmans sont moins sévères pour les épouses mais plus lucides sur les défauts des hommes. Le « coq ébouriffé », c'est homme en colère, pris d'agitation et de fureur, l'œil exorbité et le cheveu en bataille. Aveuglé, privé de son self-control, il baisse la garde, s'offrant, comme une dupe, à la rapacité des rusés. Autre version : « Si le coq hérisse ses plumes, il est aisé de le plumer. »

273
Il n'est si bon cheval qui ne devienne rosse.

La même chose se dit plus brutalement dans plusieurs pays : « Il n'est si belle rose qui ne devienne gratte-cul. » Quand on a baigné un certain temps dans l'univers des proverbes, la première interprétation qui vient à l'esprit est celle des amours mortes qui n'en finissent pas de mourir. Idée souvent mise en relation avec le mariage. Pourtant le proverbe peut être envisagé dans une perspective plus large, et concerner divers enthousiasmes : par exemple, l'ardeur qui préside à la création d'une association, alors que tout le monde est tout feu tout flamme, période d'euphorie, après quoi survient l'usure, la réduction des effectifs et parfois la mort. En tout s'applique la formule attribuée à Clemenceau, selon laquelle le meilleur moment de l'amour est celui où l'on monte l'escalier.

274
Pour mener un cheval à l'abreuvoir, un enfant suffit ; mais vingt hommes ne peuvent le forcer à boire.

Il s'agit là de ce qu'André Gide appelle ses « proverbes d'enfer », des proverbes qu'il a récoltés dans différentes cultures et qu'il se permet d'amender. Celui-ci correspond à la formulation plus prosaïque : « On ne peut pas forcer un âne à boire. » Gide en parle dans son *Journal* (19 décembre 1942). Il est parti du *Johnson* de Boswell (« *On man may lead a horse to the water, but twenty cannot make him drink* »). Il ajoute : « J'arrange un peu. » Il passe en effet de l'homme à l'enfant. Pourquoi ?

275

Quand on mène un âne à La Mecque, fût-ce l'âne du Prophète, on ne ramènera jamais qu'un âne.

L'idée, plus réaliste que pessimiste, contenue dans ce proverbe oriental, est qu'il n'est pas possible de changer, même par des moyens exceptionnels, la nature profonde d'un individu. C'est l'histoire du naturel impossible à chasser. S'y ajoute un autre thème. Les grandeurs d'établissement, comme le fait d'être allé à La Mecque, d'être décoré, d'occuper un rang dans la société, doivent être bien distinguées des grandeurs naturelles, c'est-à-dire des qualités réelles (Pascal, *Discours sur la condition des grands*). On pourrait résumer cette importance de la nature profonde par une formule : le destin, c'est le tempérament.

276
Le diable peut citer la Bible pour atteindre son but.

Un raisonnement habile réussit, en apparence du moins, à tout justifier. Et le recours à des citations, parfois tronquées, parfois sorties de leur contexte, peut servir à défendre un point de vue qui se situe aux antipodes de celui de l'auteur. C'est ce qui fait dire à Pavel Niemtsov : « Une citation sans références est à peu près aussi utile qu'une horloge sans aiguilles. » La règle de base pour celui qui cite est de fournir les éléments qui permettent de retrouver rapidement le texte et le contexte.

277
Dis-moi qui tu hantes, je te dirai qui tu es.

On dit aussi : « Dis-moi qui tu fréquentes... » Ce dicton fait partie des proverbes évidents. Il va de soi qu'au seul vu des relations d'une personne, il est possible de tirer d'importantes déductions sur sa personnalité. Car selon un autre adage, on ne choisit pas ses parents, mais on choisit ses amis. Il est très difficile de donner des conseils à des jeunes gens. Il semble cependant que l'on puisse attirer leur attention sur l'importance qu'il faut accorder au choix de leurs fréquentations, comme disent les parents. Ainsi que de nombreux proverbes, celui-ci a été maintes fois détourné. La formule la plus connue est celle du gastronome Jean-Anthelme Brillat-Savarin (1755-1826) qui disait : « Dis-moi ce que tu manges et je te dirai qui tu es. »

278
Devant l'amour et devant la mort, il ne sert à rien d'être fort.

Que le propre de la mort soit d'être inéluctable, il n'est pas besoin de recourir à un proverbe pour nous le rappeler. L'intérêt de ce parallèle est de mettre, sur le même plan, l'amour qui apparaît alors comme une fatalité à laquelle nul n'échappe. Et qui parfois, comme dans *Tristan et Iseult,* peut conduire à la mort. Denis de Rougemont, partant justement de cette œuvre, a décrit dans *L'Amour et l'Occident* (1939), la naissance, au cours de l'histoire, de l'amour passion avec tout ce qu'il a de démesure, allant jusqu'à en tirer des conséquences politiques. Une question ressort de ce livre : l'amour passion, thème fondamental de notre littérature, est-il un fait culturel propre à l'Occident, ou bien est-il inhérent à la nature humaine et donc universel ?

279
Qui cherche un ami sans défauts reste sans amis.

L'origine d'une amitié est, en apparence du moins, mystérieuse. Dire que celui qui exige le zéro défaut ne le trouvera pas est peut-être une banalité puisque l'on sait que nul n'est parfait. L'amitié semble reposer, en réalité, sur une façon commune d'envisager l'être humain. Des travers, bénins ou non, seront pardonnés, ne seront même pas perçus. Une amitié qui ne résiste pas à une petite vexation d'amour-propre n'est pas digne de ce nom. La seule chose qui puisse compromettre définitivement une amitié est une situation de crise où apparaît brusquement, et avec netteté, l'incompatibilité entre deux façons de considérer l'être humain. La rupture peut être instantanée et définitive.

280
Même en paradis, il n'est pas bon d'être seul.

Dans nos sociétés, l'individualisme s'affirme, mais toutes les sociétés du passé étaient « holistes ». Chacun était d'abord le membre d'une communauté avant d'être une personne singulière. Cela explique la profusion des maximes sur l'importance du lien social et le danger qu'il y a à s'isoler. Ce dicton roumain dit la chose d'une manière originale, mais dès le début de la Bible (Genèse, II, 18), on peut lire : « Il n'est pas bon que l'homme soit seul. » Ce qui décida Dieu à créer la femme. D'autres proverbes prétendent que Dieu créa l'homme, mais que c'est le diable qui créa la femme. Pour revenir à la solitude, un proverbe, arménien cette fois, dit : « La solitude ne convient qu'à Dieu. »

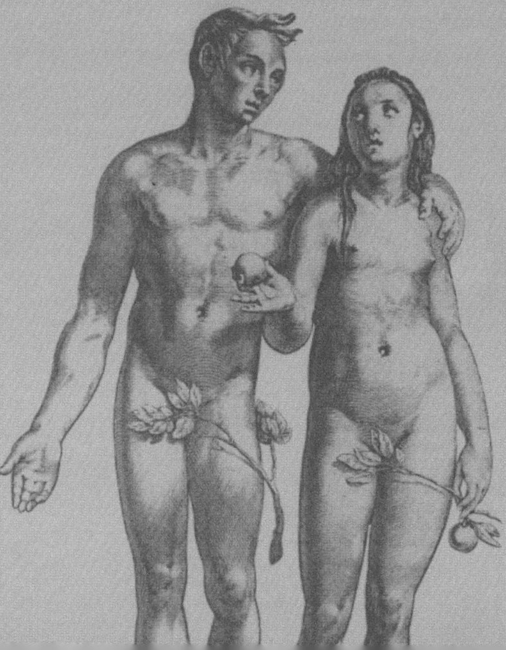

281
On n'attache pas son chien avec des saucisses.

L'image est le plus souvent employée sous la forme d'une locution. On en use pour dire de quelqu'un qu'il est avare. Sous la forme d'un proverbe, cela devrait donc signifier qu'il ne faut pas utiliser son argent inconsidérément. Il semble qu'il faille s'attacher à un sens plus figuré et plus large : il faut choisir des solutions qui ne soient pas totalement dénuées de bon sens. Et, en particulier, ne pas tenter le diable. Un proverbe danois de sens voisin est sans ambiguïté : « La niche du chien n'est pas un endroit pour garder une saucisse. »

282
Là où la barrière est basse, le bœuf enjambe.

Pas beaucoup de bœufs en Guadeloupe, d'où, pourtant, provient ce proverbe. On rencontre une autre version qui oublie l'animal : « On passe la haie là où elle est la plus basse. » De l'art, pour les malins, d'exploiter le maillon faible. C'est toujours à cet endroit que la chaîne cède. L'idée mérite d'être généralisée : la moindre faille dans un dispositif (ou dans un système, un texte, un comportement, un caractère...) attirera la critique et concentrera les agressions. Conclusion : soyez infaillible. Ne négligez aucun détail. N'offrez aucun angle d'attaque à l'ennemi.

283
Il ne faut pas cracher dans les fontaines où l'on s'abreuve.

Si un proverbe évoque ainsi une conduite qui devrait aller de soi, c'est bien sûr parce que l'on observe souvent l'inverse. La relation entre le bénéficiaire et le bienfaiteur est souvent complexe. Ce qui faisait dire à Chamfort (n° 297) : « Le sentiment qu'on a pour la plupart des bienfaiteurs ressemble à la reconnaissance qu'on a pour les arracheurs de dents. » Ce proverbe a cependant ses limites. Sartre reconnaît ne pas avoir dit la vérité sur ce qu'il a vu en URSS au cours de son séjour de 1954. Essayant de s'en justifier, il répond (*Situations X*, p. 220) : « [...] j'estimais que quand on vient d'être invité par des gens, on ne peut pas verser de la merde sur eux à peine rentré chez soi [...] ». Élégance louable. Il avait tout de même la ressource de se taire. À noter l'existence d'un proverbe bulgare construit avec les mêmes images mais de sens très différent : « Ne crache pas dans le puits où tu boiras. » Il est question cette fois, de ne pas agir sans penser au long terme.

284
Qui crée dans sa vie meurt en souriant.

Un proverbe qui nous viendrait de Pologne. Il est très dur pour l’être humain de penser que de tout ce qu’il a vécu et fait, il ne restera rien. La religion apaise cette angoisse en promettant une autre vie après la mort, vie paradisiaque pour ceux qui se seront bien conduits en ce bas monde. Camus appelait ces fables rassurantes des « métaphysiques de consolation ». Pour celui qui ne croit pas à une autre vie, la création, dans quelque domaine que ce soit, peut constituer un succédané. Celui qui écrit, ou peint, ou compose de la musique, qui crée d’une manière générale, espère que ses œuvres, du moins en partie, vont lui survivre. Cet espoir d’une rallonge par ce qu’on a laissé pour le bonheur de ceux qui restent, conduit à beaucoup mieux accepter le basculement dans le néant. « Créer, c’est vivre deux fois », disait encore Camus dans *Le Mythe de Sisyphe.*

285
Morte la bête, mort le venin.

Redoutable sentence. Le défunt, ravalé au rang d'animal, emporte dans la tombe les trésors de méchanceté qu'il a déployés de son vivant (le venin). Bon débarras. Sans regrets aucun. On peut comprendre l'idée autrement : une fois mort, l'ennemi devient inoffensif. En guise d'oraison funèbre négative, les Anglais choisissent une formulation plus imagée : « *Dead dogs don't bite.* » La traduction perd l'effet d'allitération en d : « Les chiens morts ne mordent pas. » Encore que le rapprochement de « morts » et de « mordent » soit de nature à valider la version. Qui a dit (et chanté) que « les morts sont tous de braves types » ?

286
Un linceul n'a pas de poches.

Ce proverbe allemand, devenu le titre d'un roman policier d'Horace McCoy, fait bien comprendre qu'après notre mort, toutes les richesses que nous avons pu accumuler passeront en d'autres mains. Mazarin le savait bien. Devant tous les trésors qu'il avait rassemblés, d'une façon souvent douteuse d'ailleurs, il observa un jour : « Et dire qu'il va falloir quitter tout ça. » Le linceul n'étant plus un objet de la réalité vécue, du moins en Occident, on a tendance à préférer aujourd'hui : « Le coffre-fort ne suit pas le corbillard. »

287
Pour redresser un bâton courbe, on le courbe dans l'autre sens.

La formule se trouve déjà dans Montaigne (*Essais*, III, 10) : « Pour dresser un bois courbe, on le recourbe à rebours. » Lequel Montaigne avait trouvé l'idée chez Sénèque (*La Colère*, I, VI, 1) qui parle des javelots tordus que l'on met au feu et manipule pour les redresser. L'idée peut valoir dans les combats politiques. Il est arrivé aux féministes, dans les débuts de leurs luttes, d'interdire la présence d'hommes (de mâles donc) dans leurs réunions. Ce qui était une forme de sexisme, c'est-à-dire exactement ce qu'elles combattaient. Mais la lutte contraignait à plier le bois dans le sens contraire. En philosophie, pour réagir contre une trop grande tendance à la croyance chez ses contemporains, Descartes commence par douter de tout. Il faudrait évoquer aussi la « discrimination positive » (« *affirmative action* » aux États-Unis) qui recherche l'égalité en introduisant des inégalités.

288
Il ne faut pas jeter le manche après la cognée.

Le mot « cognée » désignait autrefois la hache du bûcheron. Cet outil était fait comme aujourd'hui d'un manche (en bois) et d'une partie métallique. Dans l'histoire qui raconte l'origine de l'expression, il faut comprendre que le mot « cognée » ne désignait que la partie en fer. La hache d'un bûcheron en plein effort s'étant cassée, la partie en fer tomba dans l'eau. Au lieu d'essayer de la récupérer, ce bûcheron jeta aussi le manche dans l'onde et renonça à continuer son travail. Ce proverbe conseille de ne pas l'imiter et incite donc à ne pas se décourager dans le cours d'une entreprise, à ne pas baisser les bras.

289
La pelle se moque du fourgon.

Les instruments évoqués se rattachent à une époque où, pour se chauffer ou faire la cuisine, il n'y avait pas d'autre moyen que de faire du feu dans la cheminée. D'où l'importance de la pelle servant à ramasser les cendres et du fourgon, une sorte de grand tisonnier utilisé pour attiser le feu. On emploie cette expression pour parler d'une personne ridicule qui se moque des travers d'une autre. Le sens n'est pas très éloigné de notre « C'est l'hôpital qui se moque de la charité ». Les Espagnols disent la même chose, mais d'une manière nettement plus crue : « La poêle dit au chaudron, retire-toi, cul noir. »

290
Il n'y a pas de grand homme pour son domestique.

Comme c'est souvent le cas, l'origine de la formule se perd dans la nuit des temps. Montaigne exprime l'idée (*Essais*, III, 2), mais il n'est pas le premier à le faire : « Peu d'hommes ont été admirés par leurs domestiques. » La Rochefoucauld, au siècle suivant, affirme « qu'à une grande vanité près, les héros sont faits comme les autres hommes ». Les êtres humains, comme les tableaux, ne doivent pas être regardés de trop près. Pascal disait très bien : « Trop de proximité et trop de distance empêchent la vue. » Heine s'amuse à détourner le proverbe sur le rapport du valet au maître : « Il n'y a pas d'homme de génie pour son éditeur. »

291
Le tsar est loin et Dieu là-haut.

Le mot « tsar » suffit pour localiser ce proverbe qui se rapporte à la déréliction. On désigne par ce mot le sentiment d'abandon, et tout spécialement l'abandon par Dieu. Parce que le propre de Dieu est d'être aux abonnés absents. On lui parle, mais il ne répond pas. Tous les efforts des religions tendent à diminuer cet écart entre les fidèles et la divinité. Par exemple, le Christ dit que lorsque plusieurs se réunissent en son nom, il se trouve parmi eux : « Si deux ou trois sont réunis en Mon Nom, Je suis au milieu d'eux. » (Matthieu, XVIII, 29) La communion est aussi, pour les chrétiens, un moyen d'incarner leur Dieu.

292
Le noble a toujours raison lorsque le moujik transpire.

Vous sentez, dans cet aphorisme, l'air glacial des steppes d'Asie centrale : vous avez raison, il vient de Russie, comme le laisse deviner le mot « moujik », au sens de paysan. Pour le reste, la phrase est assez énigmatique. Elle semble reprendre un lieu commun de la pensée populaire suivant lequel les puissants s'imposent toujours sur les faibles. Le détenteur du pouvoir, le noble, se contente paresseusement d'exprimer son mécontentement à l'homme du peuple (ou de la terre) qui, lui, s'épuise au travail. L'exécutant est vaincu d'avance par l'arbitraire du supérieur. Un proverbe anglais rappelle, de façon imagée, le noble à ses devoirs : « La noblesse doit être un éperon pour la vertu et non un étrier pour l'orgueil. »

293

Jamais beaucoup n'a coûté peu.

Élégante manière de redire : la nécessité de l'effort. Une version assez plate est souvent employée : « On n'a rien sans rien. » La nôtre a l'avantage d'exploiter les ressources de la grammaire en opposant deux adverbes antinomiques (beaucoup/peu), de rester floue sur le contenu de la quête (ce « beaucoup » et ce « peu » désignent ce qu'on voudra) et de mettre en balance l'immensité du résultat face à la modestie de l'entreprise. Sur le sujet, une proposition kurde beaucoup plus métaphorique : « Veux-tu des perles ? Plonge dans la mer. »

294

Un homme n'est pas malheureux parce qu'il a de l'ambition, mais parce qu'il en est dévoré.

Il faut user de tout, mais n'abuser de rien, ne cessent de nous répéter les proverbes. L'ambition, non seulement ne nuit pas au bonheur, mais elle y contribue. Elle est tout entière faite de désir et d'espoir. Or, si l'on voulait imaginer l'enfer, ce serait un endroit justement dépourvu de l'un comme de l'autre. Mais, poussée à l'extrême, devenue une névrose, l'ambition conduit à l'inhumanité et devient source de malheur pour l'entourage et même pour l'intéressé. À moins que le malheur ne soit à l'origine. Kafka écrit dans *Lettre au père* : « L'avarice, en effet, est l'un des signes les plus sûrs d'un profond malheur. » Cela vaut tout autant pour l'ambition.

295
Femme qui apprend le latin a la plus triste des fins.

Voilà un proverbe qui ne fait pas dans la nuance : l'instruction n'est pas faite pour les femmes. Molière prête au Chrysale des *Femmes savantes*, une opinion voisine. Les proverbes sont souvent misogynes, mais rarement à ce point. Le courant sexiste n'est pas nouveau. Les tenants de la Révolution, pourtant courageux et authentiquement révolutionnaires en de nombreux domaines, ont tout simplement laissé de côté les femmes dans leur suffrage universel. Tous les hommes sont égaux en droit, sauf les femmes. Notons cependant que le courant féministe n'est pas neuf. Depuis des siècles, il cheminait. Saluons au passage François Poullain de la Barre qui publia, en 1673, *De l'égalité des deux sexes...* et Stendhal qui, préfigurant *Une Chambre à soi* de Virginia Woolf, écrit dans De l'amour (LVI) : « D'après le système actuel de l'éducation des jeunes filles, tous les génies qui naissent femmes sont perdus pour le bien public. »

296
Un pot fêlé dure longtemps.

On retrouve dans ce proverbe la bonne sagesse populaire française, ancrée dans le terroir et la ruralité. Et on comprend aisément son sens : un objet fragile et abîmé, parce qu'on va en prendre soin, fera un long usage. De même, une personne frêle ou maladive saura, en se ménageant, supporter les injures du temps et retarder sa mort. En plus direct : l'infirmité conserve. Ce qui peut désoler les héritiers.

297
Toute chose a deux anses.

Dans son *Manuel* (XLIII), Épictète (50-v. 125), philosophe grec de l'école stoïcienne, écrit : « Toute chose a deux anses : l'une par où on peut la porter, l'autre par où on ne le peut pas. » La sagesse populaire n'a conservé que la première partie de l'énoncé. L'idée fondamentale est que le réel est complexe et souvent en proie à la contradiction. Les Québécois expriment la même pensée en disant : « Il n'y a pas de médailles assez minces pour ne pas avoir deux côtés. » « Pas de flux sans reflux », assure-t-on des deux côtés de la Manche. C'est devenu un cliché de dire d'une réalité qu'elle est, comme la langue d'Ésope, la pire et la meilleure des choses.

298

À l'œuvre, on reconnaît l'artisan.

Chacun d'entre nous est le fils de ses œuvres. Faites vos preuves. Je veux juger sur pièces. Toutes ces phrases vont dans le même sens : celui de la confrontation d'une compétence et d'une performance, d'une réputation et d'une réalisation. Sur le sujet, La Fontaine, comme souvent, vient à notre secours avec la fable *Les Frelons et les Mouches à miel* (I, 21). Les frelons contestent aux abeilles la propriété de « quelques rayons de miel ». On va voir un juge (une guêpe) qui propose que chacun se mette au travail pour déterminer « qui sait faire, avec un suc si doux, / Des cellules si bien bâties ». À l'heure où nous parlons, les frelons bricolent encore.

299
Si tu veux être apprécié, meurs ou voyage.

On trouve dans les proverbes tout et son contraire. « Les absents ont toujours tort », dit l'un d'eux. Et celui-ci paraît vouloir nous apprendre qu'ils ont toujours raison. La mort, à en croire les propos qui suivent immédiatement le décès, paraît faire oublier les griefs à l'égard de celui qui est « parti ». Il faut constater, tout de même, que ces reproches ne sont pas enterrés avec celui qui gît sous la dalle et que, le plus souvent, ils ressurgissent assez vite, restant parfois indélébiles. Quant au voyage, il faudrait nuancer, parce que s'il permet d'oublier les personnes désagréables, et provisoirement leurs défauts, cela ne vaut pas pour les êtres chers. Si tu veux être apprécié, arrange-toi pour l'être quand tu es là.

300
A beau mentir qui vient de loin.

Voilà un proverbe qui mérite explication parce qu'il est rarement compris. « A beau mentir... » doit être entendu comme « Il a un beau mentir... », c'est-à-dire une « bonne capacité à mentir ». Il faut donc traduire : Il est facile de mentir à celui qui a voyagé en pays lointain. Reste l'idée sous-entendue que cette tâche est rendue aisée par le fait que l'auditeur ou le lecteur n'a pas le moyen de vérifier ses dires. Le proverbe, qui est ancien, valait surtout à l'époque des grandes découvertes. Les navigateurs qui, à la suite de Colomb, parcourent le monde, nous rapportent les récits les plus extravagants, sûrs qu'ils sont que personne ne viendra les contredire. Avec la facilité que nous avons à nous déplacer, le proverbe aurait pu perdre de son intérêt. Mais cette facilité ne concerne pas tout le monde. Dans un sens propre ou dans un sens figuré, l'adage reste pertinent.

301
Il faut faire à Rome ce qui se fait à Rome.

L'expression nous vient d'Angleterre (et non d'Italie) ; elle méritérait d'être universelle. Elle invite prudemment à se conformer aux usages du lieu où l'on a élu domicile et, plus généralement, à rejoindre l'opinion, la pensée ou la conduite dominantes, en évitant de se distinguer ou de bousculer l'ordre établi. Dans le genre, nous disposons du bien connu : « Il faut hurler avec les loups » qui dit, mais à peu près seulement, la même chose. Petit-Jean, un personnage de la seule comédie qu'ait écrit Racine, reprend le dicton à son compte : « On apprend à hurler, dit l'autre, avec les loups. » (*Les Plaideurs*, I, 1) En nos temps de métissage culturel, on peut juger discutable cet encouragement au conformisme grégaire.

302

Qui mieux abreuve, mieux preuve.

« Abreuver » (du latin *bibere* : « boire ») désigne, à la campagne, l'acte de faire boire un animal. Le mot s'appliquait autrefois également aux hommes. « Preuve » est la forme campagnarde de « prouve », présent du verbe « prouver ». (De même, la prononciation populaire disait « treuve » au lieu de « trouve ».) Le proverbe devient clair : en lui offrant largement à boire, on transforme son obligé en témoin à décharge. On dit encore que, pour obtenir de bons témoignages, il suffit d'« arroser ». Dans le même registre, nous avons conservé le « pot-de-vin », synonyme de corruption. Bien entendu, on peut « abreuver » autrement qu'avec *un* liquide. Avec *du* liquide par exemple, pour continuer à filer la métaphore. Quand, dans sa comédie *Les Plaideurs,* Racine veut contester la probité des témoins, il fait dire à son personnage : « Les témoins sont fort chers, et n'en a pas qui veut » (III, 3).

303

Tant que l'arbitre n'a pas sifflé, le match n'est pas terminé.

À l'opposé de nombreux proverbes dont l'origine se perd dans la nuit des temps et qui reflètent un état de civilisation qui n'est plus le nôtre, celui-ci est de fraîche date. Pourtant, si on ne se limite pas au domaine sportif, il est possible de lui trouver des équivalents pour exprimer ce qui est au centre de la pensée de Sartre. Pour ce philosophe, rien d'autre ne définit notre vie que la somme de nos actes. Ce qu'est notre vie (son *essence*) ne peut donc résulter que de notre *existence.* L'existence précède l'essence. Mais pour faire le total des actes d'une vie, il faut attendre que la personne soit morte. Pour une vie, comme pour un match, on ne peut juger du résultat que lorsque la partie est terminée. En enfer, lieu où se trouvent les trois personnages de *Huis clos,* il est trop tard pour changer le résultat.

304
La poule du voisin paraît une oie.

Ce proverbe turc rejoint l'idée qu'exprime une formule bien française qui assure que « L'herbe est plus verte dans le pré d'à côté ». Ce que possède autrui nous paraît toujours supérieur à nos propres biens. Le regard de l'envieux a vite fait de transformer une banale poule en oie bien engraissée ou une rosse en étalon. Les Danois disent : « Si l'envie était une fièvre, l'humanité entière serait malade. » Les mauvais esprits peuvent prendre le mot « poule » dans son sens argotique de « femme » et reconnaître dans ce proverbe le ressort principal de l'adultère qui consiste à convoiter l'épouse du voisin. Au cinéma, cela donne, grâce à Truffaut, *La Femme d'à côté.* Mais l'oie peut être « blanche », ou sotte, ce qui change tout.

305

L’herbe du champ d’à côté est toujours plus verte.

La tendance à toujours trouver meilleur ce qui nous échappe et à envier le voisin semble assez répandue. Cervantès, dans *Don Quichotte* (I, XXV), l’exprimait d’une façon plaisante : « On croit qu’il y a des saucisses chez le voisin et il n’y a même pas de clous pour les accrocher. » L’auteur latin Ovide, dans son *Art d’aimer* (I, 349), disait les choses plus classiquement : « Dans le champ d’autrui, la moisson est toujours plus belle. » On peut penser aussi, pour illustrer la morale, à la chèvre de monsieur Seguin, qui plutôt que le champ d’à côté, préférait... la montagne (Daudet, *Lettres de mon moulin*).

306

Il n’y a si petit buisson qui ne porte son ombre.

À force d’être elliptiques ou imagés, les proverbes peuvent parfois être obscurs. Celui-ci ne livre pas son sens immédiatement. L’interprétation la plus plausible est que ce qui paraît insignifiant ou négligeable (le buisson) peut contenir un réel danger (symbolisé par l’ombre). Un argument, un acte, en apparence mineurs, peuvent avoir des conséquences nuisibles. Un adversaire, même sans valeur manifeste, peut se révéler un rival dangereux. Le mal n’est pas forcément proportionnel au danger. Ce que peut vouloir dire cet autre proverbe, plus connu : « Méfiez-vous de l’eau qui dort. » La phrase recommande donc la prudence, qualité largement célébrée par la littérature proverbiale, la vigilance aussi, qui permet de ne négliger aucun ennemi. On dit encore : « Un poil fait ombre. »

307
Nourris le corbeau, il te crèvera les yeux.

Proverbe venu d'Espagne et peut-être copié sur ce vers de Théocrite : « Nourris un louveteau, il te dévorera. » On le retrouve dans la tradition française : « Dépends un pendard, il te pendra. » (Le « pendard », avant de désigner un coquin, un vaurien, était synonyme de « bourreau ».) Dans tous les cas, l'idée est la même : nous ne devons pas attendre de la reconnaissance de ceux dont la nature est viscéralement méchante. L'ingratitude est chose largement répandue ; elle l'est plus encore de la part des êtres dangereux. L'inspirateur de La Fontaine, Ésope, avait composé une fable sur ce sujet : « Le Laboureur et le Serpent gelé ». En voici la morale : « Réchauffe un serpent en ton sein, il te mordra. » On a changé d'animal.

308

Jette le chanceux dans la mer, il en ressortira avec un poisson dans la bouche.

Ce proverbe arabe se rattache peut-être à une histoire que Montaigne emprunte à Hérodote (*Essais*, II, 12). Policrates, tyran de Samos, estimant que son excès de bonheur risquait d'offenser les dieux, jeta dans la mer l'un de ses bijoux les plus beaux. Peu de temps après, ledit bijou se retrouva dans le ventre d'un poisson pêché par ses hommes. Si l'image est la même, l'idée est différente. Notre proverbe concerne la chance qui paraît s'attacher à certains individus. Ils ont, comme on dit, la « baraka ». Ce qui nous ramène tout de même à un destin auquel on n'échappe pas. N'accordons pas trop, cependant, à la bonne fortune. Il n'y a que les bons gardiens de but qui ont de la chance, disent les chroniqueurs sportifs. Ce qui est une façon d'exprimer ce paradoxe que la chance se mérite.

309

Faute de grives, on mange des merles.

La sagesse des proverbes va rarement dans le sens de la démesure, de l'*ubris* ou *hybris* qui indisposait tant les dieux grecs. C'est une sagesse moyenne, médiocre dans le sens étymologique du terme. Le merle, comme on l'a deviné, est moins savoureux à croquer que les grives. Il aurait été possible d'écrire sur le même schéma : « Faute d'ortolans, on mange des grives. » On peut, à vue de nez, gager qu'il existe, dans chaque culture, un proverbe pour nous faire comprendre que dans les cas où l'on n'a pas ce que l'on aime, il faut aimer ce que l'on a. L'idée fonctionne avec un renard et des raisins comme le prouve La Fontaine (III, 11).

310
L'homme est de feu, la femme est d'étoupe, le diable arrive et souffle.

On aurait pu inverser les deux premiers éléments et laisser à la femme le soin de prodiguer la flamme et à l'homme celui d'être la mèche qu'on allume. L'étoupe, rappelons-le, est un ensemble de filaments de chanvre qui permettait de mettre le feu aux canons. Au figuré, « mettre le feu aux étoupes » (on dit encore « aux poudres ») signifie « allumer une querelle ». La tradition a imposé la formule en ces termes et dans cet ordre en divers lieux du monde. Elle est reprise par Cervantès, grand amateur de proverbes, dans la nouvelle « Le Petit-fils de Sancho Pança ». Parfois la maxime s'arrête à « étoupe », ce qui nous prive de l'intervention luciférienne destinée à favoriser la combustion. Avec ses trois acteurs, le proverbe nous met en garde : l'embrasement sentimental (les métaphores du feu s'appliquent volontiers à l'amour) est favorisé par une prédisposition des intéressés, mâles et femelles, mais surtout par la volonté perfide du Malin qui s'ingénie à attiser les braises. En somme, toute liaison amoureuse est soutenue par le diable. L'amour est l'œuvre de Satan et les amoureux sont des marionnettes (complices) entre ses mains. Preuve que le sentiment amoureux a été longtemps tenu en grande suspicion, puisqu'il résultait d'un dérèglement des sens contraire aux préceptes de mesure enseignés par l'Église. Le XVIIe siècle était convaincu de cette vérité, comme le prouvent la conclusion de *La Princesse de Clèves* et ce vers du grand Corneille : « L'amour est un tyran qui n'épargne personne. » *(Le Cid,* I, 2)

311

Le mariage est comme un mirage dans le désert : palais, cocotiers, chameaux... Mais soudain tout disparaît et il ne reste que le chameau.

La Rochefoucauld écrit, dans ses *Maximes* (n° 113) : « Il est de bons mariages, mais il n'y en a point de délicieux. » Si l'on s'en tient aux statistiques du divorce, à côté des bons, il s'en trouve un grand nombre qui semblent donner raison à ce proverbe arabe. Les amoureux vivent dans la fusion, l'illusion, puis, pour des raisons diverses, le mirage laisse place à la rugueuse réalité. On croyait avoir épousé un ange descendu du ciel, mais à peine la cérémonie est-elle terminée que l'on découvre que le diable était déjà dans la place. Contemporain de La Rochefoucauld, La Bruyère s'interrogeait dans les *Caractères* (« Des femmes », n° 80) : « Ne pourrait-on point découvrir l'art de se faire aimer de sa femme ? »

312
Les cinq sens sont les cinq portes du péché.

La nouvelle de l'auteure danoise Karen Blixen, *Le Festin de Babette,* et le beau film de Gabriel Axel qui en a été tiré (1987), mettent en évidence l'extrême austérité des milieux protestants du monde scandinave d'autrefois. Ce refus du plaisir est bien illustré par ce dicton suédois. Michel Onfray, et Nietzsche avant lui, aurait plutôt tendance à penser que les cinq sens sont les cinq portes du bonheur. Ils ont, l'un et l'autre, stigmatisé la tendance du christianisme à déconsidérer le corps au profit de l'âme. *Le Festin de Babette* est organisé autour de la confrontation de ces deux points de vue. La jouissance est représentée par la Française qui engloutit sa petite fortune dans la préparation d'un repas fastueux. En face d'elle, des protestants qui se méfient de tout ce qui vient des sens et qu'elle va, à sa façon, convertir. Une bonne analyse de ce roman dans *Un Cœur intelligent* d'Alain Finkielkraut (Stock-Flammarion, 2009).

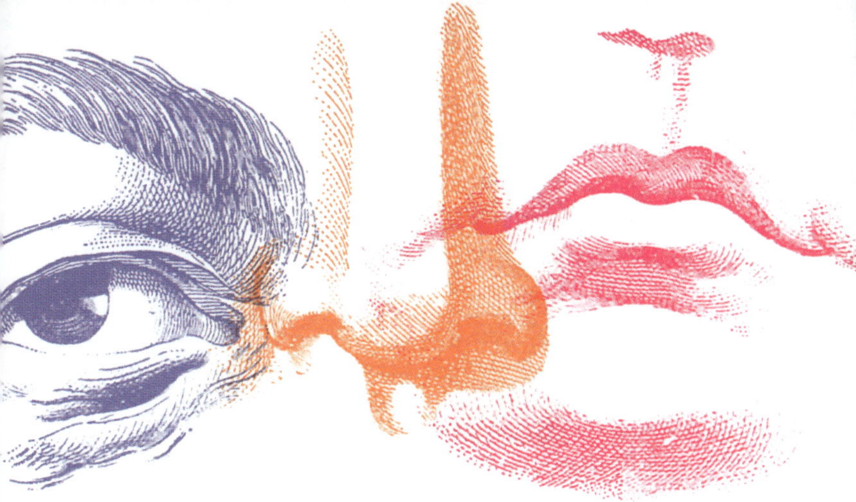

313

Quand c'est un aveugle qui vous mène, on finit dans le fossé.

La sagesse venue des pays lointains, d'une culture différente de la nôtre, est précieuse car, préservée de l'usure provoquée par un emploi trop fréquent, elle conserve sa fraîcheur et son efficacité. C'est le cas de ce proverbe qui s'utilise à Madagascar. Il s'applique aussi bien aux questions privées que collectives, professionnelles que politiques. Le guide (qu'on appelle *duce* ou *führer* dans certains cas et dans d'autres langues) doit posséder une vue (et une vision) supérieure à celle des hommes auxquels il est censé ouvrir la route. L'idéal étant d'être inspiré par le souffle divin, comme Moïse dirigeant les Hébreux. Faute de cette capacité à se servir de ses yeux (et du reste), il va mener le groupe (le peuple, la famille ou le personnel d'une entreprise) droit dans le mur - ou dans le fossé. Quand on suit les turbulences actuelles de la vie politique malgache, on devine que ce dicton n'a pas fini de servir.

314
C'est fonder sur la boue que compter sur le peuple.

Ce proverbe, clairement antidémocratique, est italien et figure au chapitre IX du livre de Machiavel, *Le Prince.* La suspicion à l'égard du peuple est un poncif de la pensée politique médiévale et même renaissante. Vers la même époque, le Français Étienne de La Boétie développe une brillante démonstration sur ce sujet dans le *Discours sur la servitude volontaire.* Pour les théoriciens, le peuple est jugé grossier, ignorant, violent, mais surtout influençable et versatile. D'où ces préventions, comme celle qu'exprime notre proverbe. Machiavel est conscient de ces faiblesses, mais reste convaincu que le Prince doit passer outre : « L'affection du peuple, écrit-il, est la seule ressource qu'un prince puisse trouver dans l'adversité. » Et l'affection du peuple s'obtient par la bienveillance, l'équité, le refus de l'arbitraire et de la tyrannie. Cette position ne tient pas à un penchant personnel de l'auteur pour la démocratie, simplement à un souci d'efficacité. Machiavel, adepte de la « realpolitik », pense qu'un « prince sage » doit se conduire de manière telle que les citoyens « soient disposés à le servir avec zèle et fidélité ». L'idée d'un « contrat » entre le peuple et le prince ne viendra que plus tard.

315
Une heure de justice vaut soixante-dix ans de prière.

Ce proverbe turc s'arrête sur l'opposition entre la lettre (la prière) et l'esprit (la justice). On rencontre cette dualité quand on réfléchit sur la politesse. À la politesse formelle s'oppose la politesse du cœur. La première se caractérise par le respect des règles en usage sans que cela implique un véritable engagement. La seconde repose sur le souci et le respect d'autrui. En matière de religion, le pratiquant peut suivre les offices, faire ses prières en restant extérieur à ce qu'il fait ; il en est même qui ont inventé des moulins à prières. Mais la vraie religion vient du cœur. Elle met au premier plan la rigueur morale et donc la justice et la charité. Mieux vaut un juste qui n'est pas dévot qu'un dévot qui n'est pas juste.

316

Vieux foin est difficile à enflammer, plus difficile à éteindre.

Ce proverbe est utilisé (et peut-être inventé) par Cervantès dans une nouvelle (« Le Petit-fils de Sancho Pança »). Le sens ne se livre pas immédiatement si on n'éclaire pas la métaphore. Selon toute vraisemblance, le « vieux foin » n'est autre que le vieillard qui, après bien des réticences, consent à l'amour quitte à avoir, par la suite, du mal à s'en défaire. On peut penser aussi que l'objet de sa passion est une femme jeune, ce qui actualise la figure, largement présente en littérature, du barbon amoureux, traditionnel sujet de réprobation, voire de quolibet. Celui de Molière (Arnolphe dans *L'École des femmes*) oscille entre le pathétique et le ridicule. Un vers de Corneille (à l'allure de proverbe) nous met en garde : « Un vieillard amoureux mérite qu'on en rie. » (*Médée,* II, 3) Ce qui n'a pas empêché le grand dramaturge de soupirer après la Du Parc et de lui consacrer les fameuses *Stances* : « Marquise, si mon visage / A quelques traits un peu vieux... » Chacun se souvient de la réponse, cruelle et drôle, imaginée par Tristan Bernard et chantée par Brassens.

317
Il ne faut pas acheter la corde avant d'avoir le veau.

Formulation campagnarde d'une idée souvent reprise en proverbe : ne pas anticiper sur un résultat, ne pas se réjouir avant le plein succès. Tout le monde connaît l'illustration par La Fontaine de cette pensée avec la fable *L'Ours et les deux Compagnons* (V, 20), laquelle s'achève par le conseil du plantigrade qui, c'est le cas de le dire, a « sauvé sa peau » :

> [...] il ne faut jamais
> Vendre la peau de l'ours qu'on ne l'ait mis par terre.

L'historien Commynes raconte dans ses *Mémoires* que l'empereur Frédéric III aurait utilisé le même type d'histoire en réponse à Louis XI qui souhaitait négocier le partage des terres du futur vaincu, Charles le Téméraire. Toujours dans le registre bovin, cette autre version : « Il ne faut pas faire l'étable au veau avant qu'il soit né. » À ne pas confondre avec cet autre proverbe où interviennent aussi des ruminants : « Il ne faut pas mettre la charrue avant les bœufs. »

318
Ce sont les tonneaux vides qui font le plus de bruit.

Nous sommes en présence de l'un des innombrables proverbes qui stigmatisent l'abus de paroles et la vantardise. « Il est plus facile de dire que de faire... » ; « Les grands vanteurs ne sont pas les grands faiseurs. » Les Espagnols ont trouvé, de leur côté, une autre manière d'exprimer cette vérité première d'une manière imagée : « Où le fleuve est profond, il fait moins de bruit. »

319
Quand tu te cognes la tête contre un vase et que ça sonne creux, n'en déduis pas que le vase est vide.

Proverbe chinois à ce qu'on dit. Nous demandons à voi S'il est un domaine où la localisation et l'authenticité sont difficiles à établir, c'est bien celui des proverbes et adages. La réflexion semble concerner ceux qui son à la fois suffisants et insuffisants. Suffisants parce qu'ils sont très sûrs du savoir qu'ils se supposent. Insuffisants parce que ce savoir, de fait, n'existe pas. La métaphore semble aussi lorgner vers ceux qui, dans un dialogue, ne sont pas capables d'imaginer que l'erreur soit de leur fait. Bertrand Russell dit très bien « L'ennui en ce monde, c'est que les idiots sont sûrs d'eux et les gens sensés pleins de doute. »

320

Le ventre est comme un tambour : il résonne quand il est tendu.

On ignore parfois que ce proverbe, très imagé et assez répandu chez nous, vient de Madagascar, pays où fleurit le parler proverbial. Pays aussi dont le niveau économique explique le souci prioritaire accordé à la subsistance quotidienne. La comparaison qui compose la première partie de la phrase ne mérite pas le commentaire. La deuxième partie, qui donne son sens au proverbe, est moins claire : quand, après avoir bien mangé, la peau du ventre est bien tendue (« merci petit Jésus » dit une chanson populaire), elle peut, comme un tambour bien réglé qui produit des sons harmonieux, favoriser un labeur efficace. Plus simplement : aucun travail sérieux ne peut s'accomplir le ventre vide.

321
À père avare, fils prodigue.

Une symétrie et une opposition qui placent face à face deux générations et soulignent un détournement d'héritage. Les pères, c'est bien connu, sont prudents, avisés, économes, thésaurisateurs parfois. Ils craignent l'avenir et travaillent pour la descendance. La littérature nous a légué quelques beaux exemples chez Balzac et surtout chez Molière avec l'immortel Harpagon. Face à ces géniteurs précautionneux, les fils, adeptes traditionnels de la révolte et de l'excès, ne pensent qu'à dilapider le capital, à brûler les réserves, à gaspiller avec allégresse, dans un geste qui ressemble à un très freudien meurtre du père. Ils se font dépensiers, généreux, prodigues enfin, et annulent, par leur insouciance, les années d'efforts paternels. Le proverbe peut s'élargir pour s'appliquer à tous les comportements opposés entre deux générations, et pas seulement sur la question de l'argent. Le père est sage, le fils écervelé ; l'un courtois, l'autre grossier ; le premier cultivé, le second ignare. Mais les qualités peuvent être échangées. Pour corriger cette aberration génétique, on peut toujours convoquer les adages opposés du style : « Tel père, tel fils » ou, plus familier et plus subtil : « Les chiens ne font pas de chats ». Une référence biblique : la parabole de l'enfant prodigue, quand le fils de famille, ses frasques achevées, réintègre piteusement la maison familiale. Magnanime, le père pardonne : « Toi, tu es toujours avec moi, et tout ce qui est à moi est à toi. » (Luc, 15, 11-32)

322
On ne prête qu'aux riches.

Tristan Bernard proposait naguère le meilleur commentaire possible de ce proverbe : « On ne prête qu'aux riches, et on a bien raison, parce que les autres remboursent difficilement. » L'humoriste faisait semblant de prendre la formule dans son sens littéral. Il savait bien, le rusé, que sa signification est imagée : on attribue la paternité d'un fait, d'un acte, d'une œuvre, d'une phrase à celui, déjà bien pourvu, qui est le plus susceptible d'en être l'auteur. À celui qui a déjà beaucoup, on a tendance à donner encore. Ce qui est le cas aussi pour une accusation qui visera naturellement un récidiviste. Un exemple plus innocent est fourni aux auteurs de ce recueil par leur livre précédent (*Petit Inventaire des citations malmenées*, Albin Michel, 2009) dans lequel ils ont épinglé quelques citations attribuées par erreur à des personnages célèbres, simplement sur la foi de leur crédit ou de leur gloire. Ainsi de ces phrases que le lecteur avisé restituera aux vrais propriétaires : « Et rose, elle a vécu ce que vivent les roses / L'espace d'un matin » ; « Pour vivre heureux, vivons cachés » ; « La vieillesse est un naufrage ».

323

Remue des poids d'un gramme, mais ne reste pas oisif.

Léonard de Vinci parlait de ceux qui ne sont que des tubes digestifs et qui se contentent d'êtres des « remplisseurs de latrines ». Son idéal était tout autre, on l'imagine. Ce proverbe arabe va dans le même sens et nous incite à ne pas vivre comme des légumes. Il vaut tout spécialement pour ceux qui sont atteints par l'âge et la maladie. Même si elle est convenue, l'image a son mérite : la vie est comme un parcours à bicyclette ; celui qui arrête de pédaler tombe. Les statistiques viennent d'ailleurs au secours de cette idée. Elles montrent que la maladie d'Alzheimer est d'une fréquence moindre dans les milieux intellectuels. Le cerveau ne s'use que lorsque l'on ne s'en sert pas.

324

L’ennui est le père de tous les péchés.

La formule a été laïcisée, l’ennui devenant l’oisiveté et le père changeant de sexe. « L’oisiveté est la mère de tous les vices. » Sur ce point, les thèses de Pascal et celles de Voltaire s’opposent. Pascal affirme que tout le malheur de l’homme vient de ce qu’il ne peut rester en repos dans une chambre. Voltaire pense que l’homme est fait pour l’action aussi naturellement que la pierre tombe et que le feu monte. Pascal, à vrai dire, emploie le mot « ennui » dans son sens fort d’« angoisse existentielle » (en d’autres termes, frayeur à l’idée de la mort). Pour lui, notre action n’est en réalité qu’une façon de nous détourner de cette pensée. « Il n’y a pas de maître d’armes mélancolique », disait Musset. Alain, de son côté, estime que l’homme le plus heureux du monde est le préfet de police, parce qu’il doit à chaque instant se confronter à un nouveau problème (« Propos » du 21 février 1910).

325
Les grands bonheurs viennent du ciel, les petits proviennent de nos efforts.

L'idée contenue dans ce proverbe chinois se retrouve dans toutes les civilisations. Notre bonheur doit au destin, mais pas seulement. Alain (1868-1951) revient souvent sur ce thème selon lequel le bonheur, s'il tient en partie à la chance, est aussi une affaire de volonté. On dit parfois que ce sont les bons gardiens de but qui ont de la chance, comme si l'on voulait marquer que la bonne fortune aussi se mérite. Ce que dit autrement le conseil « Aide-toi, le ciel t'aidera » que La Fontaine illustre dans sa fable *Le Chartier embourbé* (VI, 18).

326
Pluie du matin n'arrête pas le pèlerin.

L'adage se rattache aux temps lointains où les gens d'Église faisaient des pèlerinages pour contribuer au salut de leur âme. Le pèlerinage religieux existe encore, spécialement chez les musulmans, mais beaucoup de ceux qui se rendent à Saint-Jacques-de-Compostelle à pied le font dans une perspective profane. Il en va de même quand Léo Gantelet part au Japon marcher d'un temple à l'autre (*Shikoku. Les 88 temples de la sagesse,* L'Astronome, 2008). L'idée qui revient dans maints proverbes, est que là où il y a une volonté, il y a un chemin. « À cœur vaillant, rien d'impossible. » Il ne faut pas se décourager trop tôt, jeter le manche après la cognée. La littérature proverbiale nous encourage toujours à nous prendre en main.

327
Les proverbes disent ce que le peuple pense.

Les proverbes reflètent non seulement ce que le peuple pense, mais ce qu'il ressent et l'univers dans lequel il évolue. Si tant de dictons du passé sont étroitement liés à la vie des « laboureurs », c'est qu'ils émanent d'une société essentiellement rurale. Les thèmes du pain, de Dieu, du curé, des cloches y reviennent constamment parce qu'ils étaient des éléments sans cesse présents dans le quotidien. S'il existe tant de proverbes misogynes, c'est qu'ils correspondaient à la mentalité masculine de l'époque. Les maximes encourageant l'austérité émanent des protestants du Nord et se font plus rares quand on se rapproche de la Méditerranée. « Les proverbes sont les lampes des mots », disent les Arabes. Dis-moi quels sont tes proverbes, je te dirai qui tu es.

328
Entre l'enclume et le marteau, il ne faut pas mettre le doigt.

Reconnaissons qu'on n'emploie plus guère ce proverbe. Peut-être parce que le temps des forgerons est révolu, que nous ne comprenons plus très bien son sens ou que nous avons mieux en magasin en matière de prudence. Par exemple : « Il ne faut pas mettre tous ses œufs dans le même panier » ; ou, en Russie : « N'entre pas où tu ne peux aisément passer la tête ». Notre formule, pourtant, a du charme et du sens : il est des lieux dangereux où il est risqué de s'aventurer. Le doigt de l'imprudent a peu de chance d'échapper à la sanction de l'écrasement. N'allons pas approcher de trop près le péril, nous n'en sortirions pas indemnes. Nous utilisons toujours l'expression « entre l'enclume et le marteau » pour dire qu'on est pris entre deux feux. Et Voltaire, aux premières pages de ses *Mémoires*, nous livrait cette confidence : « Il faut être en France enclume ou marteau : j'étais enclume. » Il ne l'est pas resté longtemps.

329

Il faut battre le fer quand il est chaud.

Ce proverbe fait allusion au fer à cheval qui était fabriqué dans chaque village par le forgeron. Celui-ci modelait une pièce de fer à coups de marteau. Il fallait attendre que le morceau de métal soit chauffé au rouge pour qu'il devienne malléable. Si l'on tarde et qu'on le laisse refroidir, l'opération n'est plus possible. Ce proverbe est employé pour signifier qu'il vaut mieux profiter de la vitesse acquise et ne pas trop laisser traîner les choses. Il a souvent été détourné. Ainsi Paul Eluard propose : « Il faut battre sa mère quand elle est jeune. »

330
Regretter le passé, c'est courir après le vent.

Alvin Toffler, à qui l'on doit notamment *Le Choc du futur* (1970), assure que l'on peut ranger les êtres humains en deux catégories : ceux qui se tournent prioritairement vers le passé et ceux qui le font en direction du futur. On serait tenté d'ajouter au passé et à l'avenir la catégorie du présent, mais le présent, par essence fugitif, n'existe qu'en tant qu'aboutissement du passé ou comme point de départ d'une projection vers le futur. Regretter le passé est évidemment vain. On ne se rebaigne pas deux fois dans le même fleuve. Mais s'y replonger a son charme, un charme auquel certains cèdent complètement avec l'âge. Il y a aussi les écrivains qui, à l'instar de Du Bellay, Rousseau, Chateaubriand, Stendhal, Proust et bien d'autres, recréent ce passé grâce à l'écriture. Ils en font un éternel présent qui aide les lecteurs à construire leur futur.

331
Le temps ne respecte pas ce que l'on fait sans lui.

Cette formule vaut tout spécialement dans le domaine de la création. Le pire défaut, pour un écrivain, par exemple, est la précipitation. Georges Simenon pourrait être un exemple *a contrario* puisqu'il lui est arrivé d'écrire un bon roman en une semaine. On oublie un fait important. Avant d'écrire, à proprement parler, il se ménageait une période d'incubation de plusieurs semaines. Durant cette phase de préparation, il se plongeait entièrement dans son intrigue et dans son atmosphère. Par ailleurs, sa vie très riche lui fournissait l'essentiel de ses matériaux. On demandait un jour à Matisse combien il avait mis de temps pour faire un dessin très épuré qu'on lui montrait. Il répondit : « Trente secondes. Trente secondes... plus vingt-cinq ans. »

332
L'argent n'a pas d'odeur.

L'origine de cette affirmation passée en proverbe est connue. À en croire les *Vies des douze Césars* de Suétone, l'empereur Vespasien avait installé des toilettes publiques à Rome. L'utilisation de ces « vespasiennes » était payante. À son fils qui lui reprochait cette façon peu reluisante de faire entrer de l'argent dans le Trésor public, l'empereur aurait répondu que si les pissotières pouvaient avoir une odeur, l'argent, lui, n'en avait pas. Cette affirmation pourrait être discutée. On parle beaucoup aujourd'hui d'« argent sale », qui a besoin d'être « blanchi ». De cet argent, et des institutions qui le gèrent, émanent tout de même des relents plutôt nauséabonds.

333
Qui s'excuse, s'accuse.

On assure que ce proverbe prend sa source en Alsace. Il est suffisamment répandu pour sévir partout. Car si la paronomase (cette figure de style qui consiste à rapprocher des mots de consonance voisine : « Les copains et les coquins ») lui donne une certaine légitimité rhétorique, elle ne suffit pas à accréditer le message. En voulant se disculper, en ayant l'honnêteté de reconnaître ses torts ou de vouloir expliquer une défaillance, on aggraverait son cas et on s'offrirait en coupable désigné. La bonne attitude serait donc le silence, l'oubli des règles de courtoisie, l'omission volontaire qui brouille les pistes. Curieuse maxime qui jette la suspicion sur tous les fautifs honnêtes auxquels sont préférées les silencieuses crapules. On corrigera l'idée par un proverbe plus défendable : « Faute avouée est à demi pardonnée. »

334
Bonne renommée vaut mieux que ceinture dorée.

La « ceinture dorée », expression datée, renvoie à un attribut d'autrefois symbolisant non la richesse, mais la vertu. La reine Blanche, épouse du roi Louis VIII, décida, pour éviter les équivoques sur la moralité féminine, de priver les femmes de mauvaise vie du port d'un vêtement recherché assorti de la fameuse « ceinture dorée ». L'usage se maintint longtemps avant d'être abandonné. Le proverbe a survécu pour opposer une marque extérieure de vertu à une réputation flatteuse. Léon Bloy, délaissant l'explication historique, retient la référence à la richesse : « Il est sans exemple, écrit-il, qu'une personne riche n'ait pas bonne renommée. » Et, sur le même registre, il ajoute : « Si elle en avait une mauvaise, ce serait monstrueux et profondément immoral, la richesse étant ce qu'il y a de plus respectable sur la terre. » Notre pourfendeur des lieux communs est-il sérieux ou ironique ?

335
Le zébu maigre n'est pas léché par ses congénères.

À Madagascar, d'où vient ce proverbe, le zébu, utilisé pour l'agriculture, le transport et l'alimentation, est un animal essentiel à la survie. Dans la brousse, on redoute les impitoyables *dalo,* les voleurs de zébus, que rien n'arrête. Mais ce bovidé doit, pour rendre service, être solide, vigoureux, bien nourri, avec une bosse bien dégagée, tombant légèrement sur le côté, signe de bonne santé. Le zébu maigre sera méprisé, rejeté. Cela au sens propre. Au sens métaphorique, il faut comprendre que les pauvres ou les indigents n'intéressent personne et sont abandonnés à leur misère, y compris par leurs semblables. Une parole biblique dénonce la même réalité : « Le pauvre est odieux, même à son ami. » (Livre des Proverbes, XIV, 20) Pour se consoler, le paria dispose d'un autre adage, inventé par les riches : « Pauvreté n'est pas vice ».

336

Il faut hurler avec les loups.

Un de ces proverbes que l'on cite en sachant bien qu'il prête à caution et qu'il est mieux de l'appliquer à l'autre qu'à soi-même. Il nous vient du latin médiéval et sa forme complète est plus éclairante : « Il faut hurler avec les loups, si l'on veut courir avec eux. » Il invite, peut-être par antiphrase, à ne pas se distinguer de la meute, à suivre le troupeau, à se rallier à l'opinion dominante, seule manière de ménager ses propres intérêts. Être « du côté du manche », en somme. Curieux éloge du conformisme motivé plus par la prudence (ne pas aller, seul, à rebours d'une tendance forte) que par l'ambition. Accepter de se renier, si l'on est seul contre tous, et s'il y va de sa vie. Le dilemme de Galilée. Une idée que l'on retrouve dans ce proverbe espagnol : « Mieux vaut être fou que sage tout seul. » Dans un recueil de 1922, le poète « fantaisiste » Paul-Jean Toulet modifiait légèrement la formule : « Mieux vaut, si tu hurles, avec les loups qu'avec les chiens. » (*Almanach des trois impostures*)

337
Un arc toujours bandé se détend ou se brise.

Le conseil va à ceux qui tout entiers tendus vers un but, ne savent pas se ménager des temps de repos. L'arc qui se brise ? Un infarctus ou un AVC qui détruit la personne ou la laisse diminuée (l'arc qui se détend). Mais le bonheur de l'homme est dans l'action, dans le risque de l'aventure. On aurait aimé que Nietzsche ait eu le tact dans l'audace, dont parle Cocteau, qui est de savoir jusqu'où on peut aller trop loin. Il ne l'a pas eu et l'arc s'est brisé. Mais un Nietzsche prudent aurait-il encore été Nietzsche ? Chamfort avait raison de dire (n° 771) : « En vivant et en voyant les hommes, il faut que le cœur se brise ou se bronze. » Le sien, comme celui de Nietzsche, s'est brisé. Une bonne lecture qui nous transporte en Orient : *Le Zen dans l'art chevaleresque du tir à l'arc.*

338
Débander l'arc ne guérit pas la plaie.

Ce proverbe, peu employé, mériterait de l'être davantage tant l'idée qu'il exprime est profonde. La plaie a été causée par l'arc et la flèche qui en est partie. S'attaquer à l'instrument de la blessure en le rendant inoffensif, n'accélérera pas la guérison. Plus généralement, s'en prendre à la cause d'un mal n'annule pas ses conséquences. Poussée à l'extrême, cette pensée pourrait contester la valeur réparatrice de la justice : sanctionner le meurtrier ne ressuscite pas la victime. Et la punition du coupable n'atténue pas le mal qu'il a causé. René, duc d'Anjou, avait choisi comme emblème un arc à la corde brisé : il voulait signifier par là qu'il n'oubliait pas son épouse tuée par une flèche en 1453.

339

L'amour fait passer le temps, le temps fait passer l'amour.

L'amour comme un simple passe-temps ? Ce proverbe italien ne veut-il pas plutôt parler, dans ce cas, des amourettes ? L'amour fait plutôt oublier le temps ou encore souhaiter qu'il s'arrête. Parce que la passion est ce qui passe et parce que le temps fait passer l'amour. On rencontre des gens qui s'aiment encore vraiment l'âge venu, mais ils représentent tout de même l'exception. Trop souvent, à l'emballement de l'amour succède la série des dix R : Ressentiment, Rancœur, Ressassement, Récrimination, Reproches, Réprimande, Ronchonnement, Rappel des bienfaits, Refus. Et quand ça va vraiment mal : Représailles.

340
Manche désirée fait court bras.

Vieux proverbe français dont le laconisme elliptique nous laisse perplexes. Faut-il comprendre qu'il est sage d'adapter son désir à ses moyens ? Celui qui a le bras court devra se contenter d'une manche à sa taille et, inversement, en fonction de ses mensurations, en l'occurrence modestes, on choisira l'habit correspondant, tout aussi simple. Ou encore : le vaniteux qui affiche une manche riche et ample, ne parvient à faire ressortir ainsi que ses limites et sa médiocrité. Ceci pour une époque où les manches étaient mobiles et interchangeables, comme le laisse entendre l'expression « une autre paire de manches ». Une abondante littérature proverbiale nous invite à limiter nos désirs, à l'image des recommandations d'un Sénèque ou d'un saint Paul. Quant à Voltaire, il écrivait : « Qui borne ses désirs est toujours assez riche. » On dit encore (y compris en Inde) : « Il faut tailler son manteau selon son drap. »

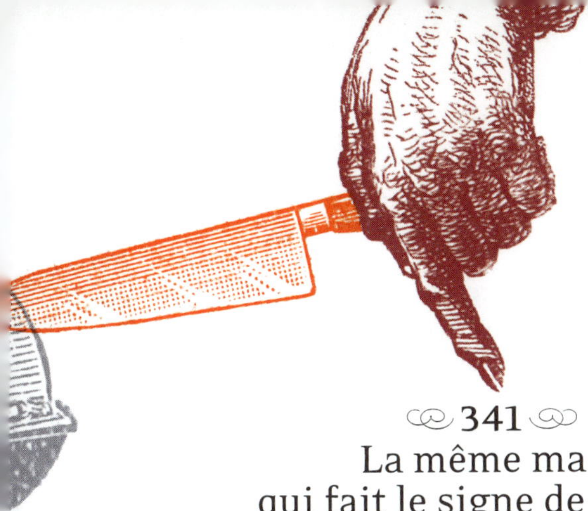

341

La même main qui fait le signe de la croix aiguise le couteau.

Le signe de la croix, pour les chrétiens, est le symbole d'une religion de charité et de miséricorde. Le couteau que la main aiguise n'est évidemment pas destiné à couper du pain mais au meurtre. Ce proverbe espagnol exprime avec force une dualité propre à la nature humaine. Celle-ci est tiraillée entre les pulsions agressives et les forces contraires que la civilisation, par le biais de la religion, essaie de développer en chacun. Plus que ce conflit, le proverbe suggère que ces deux forces se côtoient, qu'elles vivent l'une à côté de l'autre d'une façon quasi naturelle. Ce qui laisse penser que la civilisation n'est qu'un fragile vernis. L'histoire et l'actualité ne cessent de nous le rappeler. L'humanité a beaucoup de peine à s'éloigner de l'injonction : « Sois mon frère ou je te tue. »

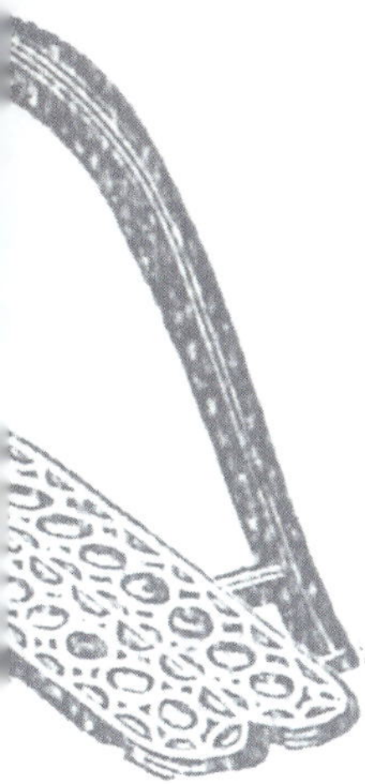

342
L'arbre ne retire pas son ombre, même au bûcheron.

Ce proverbe, venu d'Inde, illustre le thème, récurrent dans cette littérature, de l'hospitalité. Mais une hospitalité sans partage, accordée à tous, même à celui qui vous veut du mal. C'est le cas du bûcheron, ennemi de l'arbre, mais admis par lui à profiter de sa fraîcheur. La vertu de l'accueil est louée par saint Paul : « N'oubliez pas l'hospitalité, car en l'exerçant, quelques-uns ont logé des anges sans le savoir. » (Épître aux Hébreux) Plus pragmatiques, les Anglais suggèrent la prudence : « Ne faites pas la porte plus grande que la maison. »

343

Le tronc d'arbre peut rester vingt ans dans le marigot, il ne deviendra jamais crocodile.

Le marigot est le bras mort d'une rivière. On ne peut pas changer la nature d'un être à en croire ce proverbe africain très connu. Alain, par exemple, parlant de l'éducation des enfants, dit qu'il ne faut pas prendre leur nature à rebours, mais seulement se contenter de l'infléchir en fonction des exigences sociales. On rencontre parfois des conversions, de véritables révolutions intérieures qui paraissent infirmer ce proverbe. Un psychologue averti montrerait sûrement que, sous les grandes variations de surface, subsiste une permanence.

344
Assez sait qui vivre sait.

Ce proverbe est français, comme le laisse entendre l'intraduisible assonance à la limite du calembour : *sé-sé.* Il retient en effet d'abord par sa forme, concise et directe, mais, au-delà, par une philosophie modeste recentrée sur l'essentiel : l'art de vivre. La comparaison qu'il contient oppose la vaine accumulation de connaissances - motif d'orgueil et de suffisance - et la sage soumission à des règles de conduite. On pense à Montaigne qui encourage à jouir des plaisirs simples de l'existence : « Nous sommes de grands fols : "Il a passé sa vie en oisiveté", disons-nous : "Je n'ai rien fait aujourd'hui." Quoi ! N'avez-vous pas vécu ? C'est non seulement la plus fondamentale, mais la plus illustre de vos occupations. » (*Essais*, III, 13) Puisque nos « vacations sont farcesques » (Montaigne) et que les livres déçoivent, limitons notre ambition à mener notre barque. L'idée, finalement, a quelque chose d'oriental.

345
Les jeunes vont chercher les ennuis à l'extérieur, les vieux se contentent de les attendre à la maison.

La première partie de l'énoncé ne paraît pas prêter à discussion. Les jeunes sont toujours prêts à se lancer dans mille entreprises et à faire face aux ennuis qui peuvent en résulter. Si la jeunesse est prudente, qui donc sera audacieux ? Mais l'idée que les vieux se contentent d'attendre les ennuis à la maison, peut se discuter. Pour le quatrième âge, peut-être, mais l'adage est moins sûr pour le troisième, c'est-à-dire pour les seniors encore en forme. Ils bougent beaucoup, continuent de voyager, de bâtir, de travailler et de prendre en charge les tracas de leur descendance. Faire face à une multitude de petits soucis, s'en créer même à l'occasion, est d'ailleurs, pour beaucoup, la meilleure façon de lutter contre l'*ennui* dans le sens fort que ce mot avait autrefois (l'angoisse fondamentale ressentie face au néant).

346
L'enfer est pavé de bonnes intentions.

La formule vient de saint Bernard (1091-1153) dans un propos rapporté par saint François de Sales (*Lettres*, 74) et corrige un autre proverbe à la sagesse douteuse : « C'est l'intention qui compte ». L'idée, ici, est qu'une action mauvaise - symbolisée par l'enfer, lieu par excellence du Mal - est parfois le résultat (involontaire) d'une intention louable. La cause, estimable, excuse la conséquence, calamiteuse. Vous abandonnez courtoisement votre taxi à une vieille dame et partez à pied ; le taxi s'écrase sous un tunnel parisien. On ne peut vous tenir responsable de la mort de la vieille dame. Le proverbe, toutefois, peut se prendre en plus mauvaise part quand il sert à justifier, *a posteriori*, les accidents ou les échecs. Ma réalisation est désastreuse, mais j'ai l'excuse d'une intention honorable. Voilà un bel alibi pour les « salauds » dont parle Sartre, habiles à exploiter les ressources de la « mauvaise foi ». Les trois héros de la célèbre pièce *Huis clos*, enfermés dans un enfer peu conventionnel, pourraient faire leur, la phrase de saint Bernard.

347
Il est plus facile à un chameau de passer par le chas d'une aiguille qu'à un riche d'entrer dans le Royaume de Dieu.

Nous sommes ici dans le domaine du proverbe savant, à portée délibérément édifiante, aux allures de parabole, ce qui est logique puisque la phrase est tirée des Évangiles (Matthieu, XIX, 24). Celle-ci suppose que soit compris le sens du mot « chas » (trou de l'aiguille), ce qui n'a rien d'évident à une époque où la couture n'est plus enseignée dans les écoles. Le chameau nous rappelle que nous sommes au Moyen-Orient. Le Royaume de Dieu correspond au paradis des élus. Enfiler correctement un fil dans le minuscule orifice d'une aiguille n'est pas chose aisée. Y faire passer un animal de la taille d'un chameau est carrément irréalisable. Pas moins que pour un riche de mériter le paradis. La raison ? Les biens matériels sont encombrants en ces lieux d'humilité. Ils attestent en outre une tendance suspecte à la thésaurisation. Celui qui a beaucoup entassé, a sans doute très peu donné ou a exploité, voire grugé les autres. Un moraliste anglais du XVIIe siècle, John Ray, exprimait l'idée en termes agricoles : « La richesse amassée est un fumier puant ; la richesse répandue est un engrais fertile. » La parole biblique le dit encore par ce fameux raccourci : « Les premiers seront les derniers. »

348

À décrasser un maure, on perd son temps et son savon.

Proverbe politiquement incorrect et difficile à placer sous peine d'encourir le soupçon de racisme. Et pourtant, il est plein de saveur et de sens. Le « Maure » - on dirait aujourd'hui l'Arabe - était perçu comme ayant la peau foncée, à l'image de celui dont la tête sert d'emblème à la Corse. La matité de son teint a pu faire penser, avec une malveillance explicable de la part de chrétiens qui s'opposaient à lui, qu'il était sale et crasseux. Vouloir, par des frictions multiples et grâce à des produits réputés nettoyants, éclaircir la couleur naturelle d'un visage est une entreprise vaine qui aboutit à un gaspillage de temps et d'outil. Autre signification plus générale : les traits de caractère consubstantiels à une personne ont peu de chance d'être changés. On parle encore de « cracher en l'air » ou de « pisser dans un violon » pour désigner une tâche inutile.

349
On ne mélange pas les torchons et les serviettes.

Les torchons servent à nettoyer la table et à essuyer la vaisselle. Les serviettes utilisées à table par les invités ont un statut plus noble. Le précepte conseillant de ne pas mélanger des gens de statut différent est partout mis en œuvre. Les officiers ne mangent pas avec les hommes de troupe. Dans de nombreuses entreprises, il en va de même pour les cadres et les employés. On a même vu des lycées où des professeurs avaient demandé qu'une salle de professeurs soit réservée aux agrégés. Nous proclamons l'égalité, mais le passage aux actes est difficile. Rousseau disait que c'était parce la société tendait naturellement vers l'inégalité, qu'il fallait que la loi agisse dans l'autre sens. Les Québécois usent d'un proverbe dont le sens est différent mais où se retrouve la même hiérarchie, vue, cette fois, de manière évolutive : « La serviette se change en torchon, le torchon en serviette. »

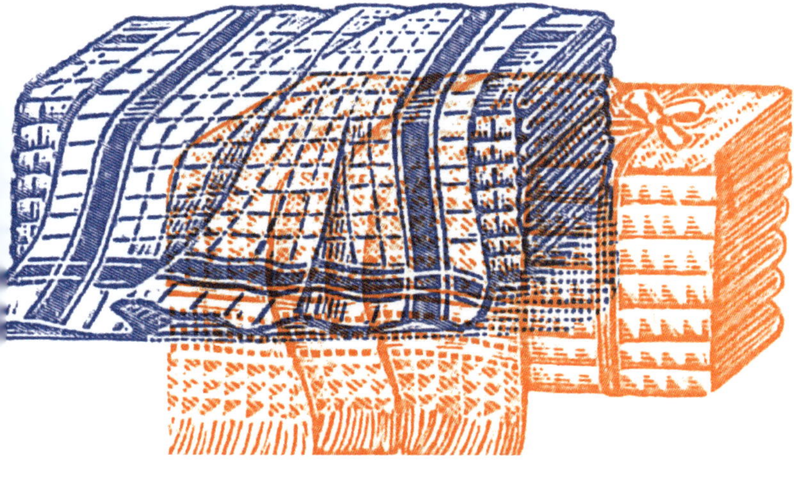

350
L'édifice de la haine est construit avec les pierres des affronts.

Proverbe espagnol qui retient par sa tournure poétique et par l'idée qu'il contient, conforme à un cliché touchant au caractère ibérique, ombrageux sur les questions d'honneur. Les affronts reçus ne s'oublient pas dans le cœur d'un fier hidalgo ; ils s'accumulent et nourrissent le ressentiment. Jusqu'à exploser en vengeance, peut-on supposer. Alphonse Daudet donnait une autre source à la haine : « La haine, c'est la colère des faibles. » (*Lettres de mon moulin*) Et G. B. Shaw allait plus loin : « La haine, c'est la vengeance du poltron. » (*Major Barbara*)

351
Si tous les fous portaient un bonnet blanc, on croirait qu'il a neigé.

On ne sera pas étonné de savoir que ce proverbe vient de Suisse. L'idée qu'il exprime est cependant universelle et a été exprimée de mille façons. Érasme a même écrit un *Éloge de la folie* dans lequel il brosse une sorte de panorama de la folie de ses contemporains. Il le fait en s'en amusant et en amusant son lecteur, mais sans s'en offusquer outre mesure. Pourquoi vouloir que l'homme soit différent de ce qu'il est ? Il n'y a pas de malheur à être conforme à sa nature. Dire le contraire serait vouloir l'impossible. « Mais alors, on appellera aussi malheureux même un magnifique cheval parce qu'il n'a pas appris la grammaire et ne mange pas de gâteaux, et misérable le taureau parce qu'il ne peut pas faire de gymnastique. »

352

L'être humain vient au monde les poings fermés, comme s'il disait « La Terre m'appartient ». Il meurt les mains ouvertes pour dire « Je n'emporte rien ».

Magnifique proverbe yiddish. La jeunesse veut tout dévorer, tout conquérir. Avec l'âge, beaucoup apprennent, de bon cœur ou non, les vertus du détachement. Pas tous d'ailleurs. Certains s'accrochent, veulent tout garder, se dopent pour continuer d'être en proie à une appétence sexuelle dont ils devraient être heureux d'être délivrés. Mais quand tout de même, au bout du compte, la mort est là, que le ressort est cassé, il faut bien ouvrir les mains.

353

La façon de donner vaut mieux que ce qu'on donne.

On sait qu'une formule littéraire, à condition d'obéir aux règles rhétoriques du genre, peut devenir proverbe. La Fontaine est un grand pourvoyeur de proverbes, lui qui en fut un grand pilleur. Ce vers est dû à Corneille, qui aimait les formules bien frappées, et se trouve dans l'une de ses comédies les plus réussies, *Le Menteur :*

Tel donne à pleines mains qui n'oblige personne :
La façon de donner vaut mieux que ce qu'on donne. (I, 1)

La générosité dispendieuse du millionnaire n'a pas la même valeur que l'aumône modeste de l'indigent. Et puis : la discrétion de l'offrande l'emporte parfois sur l'importance du bienfait. Ou encore : un petit cadeau fait avec ferveur sera supérieur au présent somptueux lâché avec désinvolture. De l'art, difficile, de pratiquer la charité.

354
Le jeu est voisin du vol.

Ce proverbe chinois se livre sans métaphore, comme c'est parfois le cas. Le pittoresque y perd, pas l'efficacité. Dans sa concision, il nous traduit la méfiance ancestrale pour le jeu, et notamment le jeu d'argent, dont le corollaire inévitable est la tricherie. Le vainqueur du jeu est suspect de l'avoir emporté malhonnêtement ; le perdant est déconsidéré parce qu'il passe pour une dupe. Dans les deux cas, la pratique est malsaine. Elle est également dangereuse, car elle crée une dépendance aux conséquences désastreuses : « Jeune joueur, vieux mendiant », disent sobrement les Espagnols. Les moralistes font du jeu un vice dans la mesure où il est spéculation risquée sur le hasard. La littérature (russe, notamment) nous a décrit des joueurs possédés par leur passion : *La Dame de pique* de Pouchkine, *Le Joueur* de Dostoïevski.

355
Le bâton touche les os, il ne touche jamais le vice.

Par cette phrase, les Nigérians veulent signifier que le recours au châtiment corporel infligera une souffrance au coupable, mais n'effacera pas sa faute et, surtout, ne corrigera pas sa propension au mal. Façon de relativiser la bastonnade ou les autres punitions douloureuses dont l'effet est incertain si elles ne s'accompagnent pas d'une action éducative visant à réformer le caractère. Même en Afrique noire, on ne s'illusionne pas sur le tout répressif. Les Espagnols disent, dans un esprit voisin : « Avec le bâton, le bon devient méchant et le méchant pire. »

356
Mieux vaut plier que rompre.

On disait autrefois « ployer ». Ce précepte fait tout de suite penser à la fable de La Fontaine, *Le Chêne et le Roseau* (I, 22). Le chêne y plaint le roseau d'avoir sans cesse à souffrir des effets du vent. Le roseau le remercie de sa compassion, puis fait remarquer : « Je plie, et ne romps pas. » Survient alors une énorme tempête qui déracine le chêne alors que le roseau continue d'onduler au souffle du vent. Ce proverbe invite, non pas à la servilité, mais à la diplomatie et à la patience. « Le laurier n'est pas frappé par la foudre », disent les Espagnols dans le même esprit. On a imaginé une suite à la fable de La Fontaine. Le chêne, allongé sur le sol, racines en l'air et branches brisées, dit à un autre chêne resté debout : « Ça ne fait rien. Je préfère être chêne. »

357

On ne peut pas tondre un œuf.

Voilà une manière rurale de dire que « Là où il n'y a rien, le diable perd ses droits ». Ou que : « La plus belle fille du monde ne peut donner que ce qu'elle a. » On peut imaginer ce proverbe utilisé pour parler d'une peine sous forme d'amende rendue inapplicable parce que la personne concernée est insolvable. Il pourrait être employé aussi dans le cadre de la politique internationale pour signifier qu'une sanction financière est irréaliste à l'égard de tel pays hors d'état d'y faire face. Ou encore dans la bouche d'un homme d'affaires sans état d'âme conseillant de ne pas perdre son temps à essayer de vendre un produit à une population qui n'a manifestement pas les moyens de l'acheter.

358
Choisis ton compagnon avant de choisir ton chemin.

Proverbe algérien découvert sur les murs du métro parisien et offert à la perplexité des usagers. On aurait pu y reconnaître une publicité pour une agence de voyage. Dans une autre direction, ce serait une invitation à utiliser les services d'un club de rencontre. Cette seconde piste nous rapproche de la signification probable : avant de savoir où aller, il est bon de décider avec qui y aller. La route est plus facile et plus agréable quand elle est parcourue avec un frère (ou une sœur) de marche. La tâche plus aisée quand elle est partagée. Éloge de la fraternité, de l'harmonie, du compagnonnage, de la prudence aussi, qui suppose qu'on ne se lance pas seul et sans préparation dans une direction inconnue.

359
Qui rien ne sait, de rien ne doute

Devise possible de « l'imbécile heureux », auquel on aura la faiblesse de préférer « le cultivé inquiet ». L'ignorant a cet avantage sur l'instruit de ne pas se poser de questions, ce qui le préserve des hésitations ou des angoisses, mais le maintient dans son état de sottise. Un aphorisme du moraliste allemand Georg Christoph Lichtenberg (1742-1799) reprend l'idée de façon imagée : « Les épis vides portent la tête haute. » On dit encore de ceux qui n'ont pas lu Descartes et qui mêlent l'inconscience à l'audace, « ils ne doutent de rien ». Est-ce un compliment ?

360

L'enfant est l'argile, la mère le potier.

Hommage rendu au rôle éducatif de la maman. Alors que la femme (et l'épouse) est plutôt maltraitée par les proverbes, la mère échappe au discrédit et conquiert une forme de sacralité. Ce proverbe persan souligne à la fois la fragilité de l'enfant, son innocence, sa malléabilité, et le pouvoir formateur de la mère qui modèle la glaise informe de son rejeton pour en faire un homme robuste et, de préférence, à son image. La culture juive nous a légué un adage voisin : « Dieu ne pouvait être partout, alors il a créé la mère. »

361
Un mot aimable est comme un jour de printemps.

La gentillesse ne se commande pas. Elle paraît être surtout une affaire de tempérament. On peut tout de même, si l'on n'y est pas porté naturellement, s'efforcer d'aller dans le sens de l'amabilité, comme le conseille ce proverbe russe. En pensant au bien que peut faire un mot aimable et au mal qui peut résulter de l'inverse. Alain a écrit un très beau « Propos » sur la question (4 novembre 1907). Il conseille tout d'abord de ne pas récriminer contre la pluie mais de s'en réjouir : « Cela ne fera rien aux gouttes d'eau ; mais cela vous fera du bien à vous. » Après quoi il ajoute : « Et prenez aussi les hommes comme la pluie. Cela ne sera pas facile, dites-vous. Mais si ; c'est bien plus facile que pour la pluie. Car votre sourire ne fait rien à la pluie, mais il fait beaucoup aux hommes. »

362
La cage ne nourrit pas l'oiseau.

Au bestiaire des proverbes, les oiseaux sont bien représentés. Dans certaines cultures, l'oiseau est synonyme de destin (« Au cou de chaque homme, nous avons attaché son oiseau », Coran, 17, 13) ou de l'immortalité de l'âme. Il est aussi le symbole de la liberté interrompue malencontreusement par la captivité. D'aucuns avanceraient que l'emprisonnement peut être rendu supportable en agrémentant la cage. Pas du tout : la beauté du décor ne suffit pas à assurer la subsistance du captif ni à rendre sa prison agréable. Une prison, même dorée, reste douloureuse. Et, plus généralement, l'habitation la plus luxueuse ne peut assurer le bonheur, pour un volatile comme pour un humain. Une cage reste une cage. La nourriture qu'on y gagne est toujours inférieure à la maigre pitance trouvée en liberté.

363
La bougie ne perd rien de sa lumière à la communiquer.

Platon faisait déjà remarquer une grande différence entre les richesses économiques et les richesses culturelles. Le propre des premières est que plus on en consomme, moins il en reste. À titre d'exemple, les réserves de pétrole qui s'épuisent progressivement. Il en va tout autrement pour les ressources culturelles qui augmentent d'autant plus qu'on s'en nourrit. Ainsi, quand un écrivain, à la suite d'un prix littéraire, devient connu de la planète entière et donc beaucoup plus « consommé », son œuvre n'est en rien diminuée. Il est même possible de dire, sans abus de langage, qu'elle s'en trouve augmentée. De la même façon, si j'enseigne, je puise dans mes ressources culturelles sans les diminuer. La relation avec mon public (de consommateurs) peut même contribuer à leur accroissement.

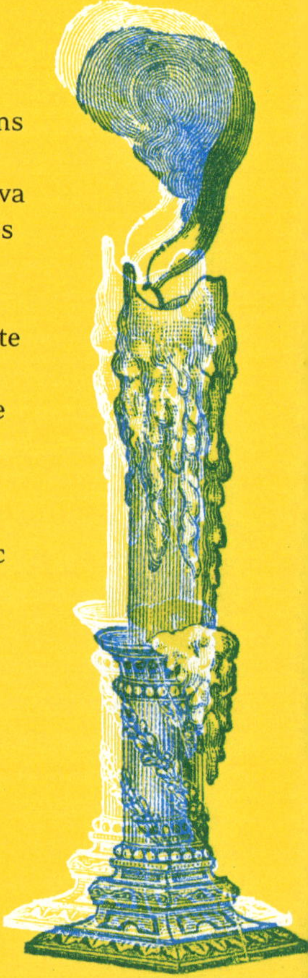

364
La chandelle qui va devant vaut mieux que celle qui va derrière.

Proverbe français assez obscur, ce qui est un comble pour une histoire de chandelle. Prenons pour point de référence l'heure de la mort qui sépare le temps qui la précède (« qui va devant ») de celui qui la suit (« qui va derrière »). La chandelle désigne, métaphoriquement, les actions de l'individu qui « éclairent » son existence. Les ténèbres du sens se dissipent peu à peu : le bien que l'on fait de son vivant l'emporte sur les dons posthumes. Ou encore : les prières qui précèdent la mort ont plus de prix que les oraisons qui louent le défunt.

365
La nuit porte conseil.

« Prenez conseil de votre oreiller », disent les Allemands pour exprimer ce que dit notre proverbe. Cette idée de l'importance de la nuit pour l'activité cérébrale s'appuie sur des faits avérés. Freud a souligné l'importance du travail du rêve, mais il est possible de se placer dans une perspective plus générale. Durant le sommeil, ou durant les phases de demi-veille qui le précèdent ou le suivent immédiatement, il s'opère dans notre esprit un travail de maturation et parfois même de formulation dont on se trouve parfois étonné au réveil. Les Allemands disent aussi : « La résolution vient pendant la nuit. »

Index

Abondance : 161
Absence : 236, 237, 299
Action : 6, 323
Ambition : 96
Amitié : 9, 131, 141, 192, 279, 358
Amour : 23, 123, 124, 135, 186, 232, 310, 339
Apparence : 41, 48, 81, 93, 106, 196, 250, 266, 306
Apprentissage : 83, 212
Argent : 64, 286, 332
Audace : 211
Autonomie : 10, 194, 261
Autrui : 130
Avarice : 281
Beauté : 1, 234
Bien : 100
Bonheur : 183, 325
Calomnie : 225
Causes/effets : 71, 253
Célébrité : 19
Chance : 308
Clairvoyance : 99
Clarté : 195
Colère : 272
Compétence : 298
Confiance : 239
Conformisme : 221, 301, 336
Conseil : 10, 109
Conversation : 245
Corps/âme : 32
Corruption : 62, 302
Couple : 151
Courage : 218
Critique : 34, 52, 58
Cruauté : 82
Culpabilité : 43
Curée : 61
Déréliction : 291
Désir : 340
Désobéissance : 199
Destin : 14, 137, 240, 242
Dette : 127, 128
Discrétion : 54, 255
Discussion : 76, 258
Dissensus : 268
Domination : 90, 252
Don : 27
Douleur : 170, 189
Dualité : 297, 341
Écriture : 210, 271
Éducation : 214
Efficacité : 88
Effort : 20, 66, 120, 293
Élite : 217
Endurance : 197
Ennui : 324
Envie : 72, 304, 305
Épargne : 144, 198, 200
Espoir : 37, 105
Esprit : 13, 110
Excuse : 231, 233
Exemple : 42
Expérience : 38, 235, 260
Extrêmes : 270
Faiblesse : 116, 282
Faim : 86, 230
Famille : 33
Femme : 18, 56, 63, 76, 80, 92, 166, 187
Filiation : 16, 122, 321
Fin et moyens : 12, 50, 97, 193
Flatterie : 51
Folie : 77, 351
Fréquentation : 69
Généralisation : 153
Générosité : 353, 364
Gentillesse : 361
Goûts : 163
Grandeur : 290
Habitude : 107
Hiérarchie : 180, 349
Honnêteté : 15
Hospitalité : 55, 147, 3
Humilité : 259
Ignorance : 359
Illusions : 229
Immobilité : 156
Imprudence : 226
Incohérence : 249
Inconvénient : 39
Infirmité : 296
Ingratitude : 30, 175, 3
Instruction : 262, 295
Intention : 78, 346
Intolérance : 341
Jeu : 354
Jeunesse : 158
Justice : 28, 207, 315, 33
Langage : 203
Lenteur : 5
Liberté : 17, 138
Livres : 139
Loisir : 103
Lucidité : 31
Malheur : 25
Mariage : 125, 227, 311
Maternité : 360
Mauvaise foi : 162
Méchanceté : 11
Médecine : 68
Médisance : 225, 241
Méfiance : 26
Mensonge : 300
Mépris : 252
Mesure : 294, 309

Index

tier : 67
dération : 24, 87, 179,
destie : 184, 204, 246
querie : 7, 289
rt : 206, 233, 278, 285,
stère : 228
turel : 85, 275, 343,
8
eur : 117, 208
siveté : 45, 89
inion : 324, 337
portunisme : 256, 329
timisme : 59, 95, 177,
5, 222
bli : 152, 209
rdon : 152
role donnée : 155
role vaine : 118
role/action : 71, 160,
3
rtage : 111, 154, 363
tience : 136, 365
trie : 151
uvreté : 145, 219, 335
ché : 312
rfection : 108, 109
rsévérance : 40, 57,
8
ssimisme : 112, 114
uple : 314
stérité : 84, 284
évoyance : 36, 60, 101,
4, 148, 171
ière : 182
ocrastination : 263
omesse : 126, 146
opriété : 3
overbes : 223, 327
Proximité : 265
Prudence : 2, 4, 115, 119, 159, 164, 165, 205, 264, 317, 328, 365
Publicité : 17, 247
Punition : 91, 251, 355
Qualité : 142, 143, 173
Questions : 216
Rancune : 350
Rang : 244
Reconnaissance : 283
Rectitude : 287
Règle : 129
Regret : 330
Relations : 227, 277
Relativité : 65, 224
Renommée : 70, 334
Responsabilité : 71, 149, 202
Ressemblance : 167
Rêve : 102
Richesse : 322, 347
Rumeur : 49
Ruse : 104
Sagesse : 47, 174
Sectarisme : 176
Sédentarité : 29
Séduction : 44
Silence : 132, 191
Solidarité : 22, 157
Solitude : 46, 150, 178, 267, 280
Sourire : 168
Spectaculaire : 185
Suffisance : 319
Superstition : 190
Surenchère : 172
Temps : 188, 248, 331
Travail : 21, 73, 74, 75
Tromperie : 276
Ubiquité : 181
Usure : 94, 136, 273
Vanité : 133, 254
Vantardise : 98, 318
Vengeance : 169
Versatilité : 230
Vertu : 220
Vie : 344
Vide : 357
Vieillesse : 35, 53, 79, 113, 121, 140, 247, 316, 345
Vigilance : 8
Volonté : 326
Voyage : 201, 213, 238

Paul Desalmand et **Yves Stalloni** sont deux universitaires qui touché à de nombreux genres, du roman au manuel pédagogic en passant par les essais. Ils ont remporté un beau succès avec le *Petit inventaire des citations malmenées* (Albin Michel). Avec nouveau livre, ils se sont adonnés au plaisir de montrer ce qu'il a de profond et de surprenant dans les proverbes du monde enti

Responsable éditoriale
Odile Perrard

Suivi d'édition
Fanny Martin

Direction artistique
Nancy Dorking

Conception graphique
Lauriane Tiberghien

Relecture correction
Isabelle Macé

Fabrication
Isabelle Hortal

Photogravure
APS Chromostyle

Tous nos remerciements à Émilie Meurou

www.editionsduchene.fr

Achevé d'imprimer en Italie par Europrinting S.p.A. - Casarile (MI)
Dépôt légal : septembre 2010
Achevé d'imprimer : avril 2012
ISBN : 978-2-81230-247-3
34/2409/0-03